manifestô

Des textes « manifestes » qui mettent la problématique environnementale et écologique au cœur du débat.

Autres titres de la collection :

- ***Cradle to Cradle***
  William McDonough / Michael Braungart
- ***Nos enfants nous accuseront***
  Jean-Paul Jaud / Anne-Laure Murier
- ***Terra Madre***
  Carlo Petrini
- ***Changeons de cap, changeons de Pac !***
  José Bové / Gilles Luneau
- ***L'Âge de l'Homme***
  Christian Schwägerl

La métamorphose numérique
Sous la direction de Francis Jutand

La Vie share mode d'emploi
Anne-Sophie Novel

Vers un nouveau mode de ville
Stéphanie Lemoine, Vidal Benchimol

Vive
la COrévolution !

5 rue Gaston Gallimard, Paris VIIe - 2013
www.editionsalternatives.com

Vive la COrévolution !

Pour une société collaborative

ANNE-SOPHIE NOVEL / STÉPHANE RIOT

2e édition

manifestô
ALTERNATIVES

Table des matières

10 **Préface:** une société collaborative?

16 **Le lexi-co**

19 **Introduction** - Changer de paradigme

34 **Chapitre 1**

Sous les claviers, le partage et la corévolution citoyenne

39 La co-utilisation: bienvenue dans l'ère des fournisseurs d'accès

47 La coélaboration : quand l'union fait la force

58 Le troc : une vie sans argent

63 La cohabitation : pour un mieux vivre ensemble

66 Pourquoi ça marche?

74 Vers une économie plus durable

87 Quelques précautions d'usage

94 La corévolution au quotidien

98 **Chapitre 2**

Un monde en coconstruction

99 Les exemples ne manquent pas

104 Sur la voie de la convergence : du conflit à la coopération

112 L'architecture des relations Ong-entreprises

119 Les approches de coconstruction

130 Et la coopération redevient tendance

135 Quelles sont les conditions d'une cocréation réussie?

141 **Chapitre 3**
De la compétition à la collaboration radicale
142 La fin des rapports de force?
148 Compétition, coopération, coopétition... kezaco?
156 L'union fait la force... durable!
168 Et en pratique alors...?

176 **Chapitre 4**
Pour un management collaboratif
177 Pour un vrai développement durable
191 Du capital humain au management collaboratif
199 Let's CO!
210 La collaboration: une prise de tête?

220 **Conclusion**

229 **Annexes**
231 **À co-sulter**
237 **Remerciements**

Citations de corévolutionnaires

« Pour que progresse la qualité de conscience de l'humanité, il faut aussi que progresse sa qualité de confiance : un réseau pensant certes, mais aussi un réseau un peu plus… aimant. »

Patrick Viveret, philosophe.

« L'activité économique restera essentielle à la survie, mais elle ne suffira plus à définir les aspirations humaines. »

Jeremy Rifkin, économiste.

« La seule voie qui offre quelque espoir d'un avenir meilleur pour toute l'humanité est celle de la coopération et du partenariat. »

Kofi Annan - Extrait d'un discours à l'Assemblée générale de l'Onu - 24 septembre 2001.

« Seule la coopération des acteurs permet de faire respecter des biens communs. »

Elinor Ostrom, prix Nobel d'économie 2009.

Préface

Une cinquantaine de membres de notre entourage ont accepté de nous livrer leur vision d'une société collaborative. En compilant leurs contributions sont apparues dix grandes caractéristiques que nous avons regroupées ci-dessous en guise de préface. Pour eux, une société collaborative, c'est...

Un retour au bon sens

Dans une société collaborative, le savoir-faire et le savoir-être prennent le pas sur l'apparence et l'avoir, le bon sens et le respect priment sur toute autre considération. Il s'agit de renouer avec le mieux-vivre ensemble, de retrouvailles entre humains qui ont conscience que le monde manque non pas de merveilles, mais d'émerveillement.

Une société plus humaine

Elle nous apprend à écouter, expliquer et coopérer. C'est une société empathique, qui part de l'humain, des aspirations profondes et permet de mieux nous connaître, collectivement et individuellement. Une société vivante qui se nourrit de la collaboration entre ses citoyens, où l'intérêt matériel est remplacé par un intérêt relationnel. Une société collaborative, c'est une société naturelle et organique, une société avec et non contre, dans l'idéal ce pourrait même être un pléonasme !

Un monde de partage

Dans cette société, on arrête de posséder et d'accumuler : la nature nous a dotés d'un métronome, le cœur, et nous devons nous mettre à son rythme. Le besoin de posséder est remplacé par le désir d'accéder, on partage pour vivre et on vit pour partager, avec des modèles économiques fondés sur la circularité et la fonctionnalité. Le partage des valeurs accroît la tolérance, la compréhension et le respect envers son voisinage et l'environnement en général. Il s'agit de développer une identité collective et de développer une culture de solidarité.

Un vivier d'opportunités

C'est l'opportunité d'affronter ensemble les grands défis que va devoir relever l'humanité au cours du XXIe siècle. L'opportunité de confronter positivement ses idées et ses énergies avec celles de ses pairs. L'opportunité de rétablir l'équilibre qui conjugue intérêt individuel et intérêt général. L'opportunité offerte par la technique (internet, réseaux sociaux) de retisser des liens entre les personnes. L'opportunité de collaborer, de partager, de faire ensemble, sans craindre de perdre sa liberté ou sa sécurité. Une époque merveilleuse où chacun d'entre nous peut contribuer et participer à créer une société en pleine conscience, une société adulte.

Une société d'abondance

Dans cette société de passeurs, nous sommes capables de faire émerger de l'inattendu, de fertiliser et de transformer les idées en envies, puis en projets et enfin en réalisations. Nous pouvons vivre avec plus d'efficience et d'harmonie. C'est une société plus juste, qui réinterroge les critères d'évaluation de réussite, où nous sommes plus heureux et moins superficiels, une société où nous arrivons à organiser et partager l'abondance. Le faire ensemble devient un plaisir libre. C'est une société où le plaisir, loin d'être absent, serait un principe fondamental, un droit essentiel.

Une société *open source*

Les outils que nous offrent les technologies actuelles sont une chance pour notre humanité, à condition de les laisser à leur véritable place, celle d'un outil et non pas d'un mode exclusif de communication virtuelle. Ces technologies doivent inspirer le fonctionnement de la politique, de l'économie et du social, alors pensés comme les logiciels libres ou Wikipedia, où chacun a voix au chapitre et se sent concerné par ce qui se passe. Une société collaborative, c'est l'inter-être à l'heure de l'Internet, avec les yeux, les oreilles, les mains et l'esprit... ouverts!

Une intelligence collective

Les rapports entre les personnes ne sont plus régis par des normes sociales mais par une envie de coopérer fondée sur une compréhension mutuelle du point de vue de l'autre. Il se développe alors une nouvelle forme d'intelligence collective, mettant de côté l'individualisme devenu conformiste. Une société collaborative a des vertus décloisonnantes, elle additionne les énergies et des volontés humaines et génère des valeurs sociétales et universelles.

Une société créative

Dans une société collaborative, la créativité et l'innovation sont décuplées: elles s'enrichissent de la diversité, et permettent en même temps à chacun de garder son individualité et de rechercher son épanouissement. En prenant en compte toutes les compétences et tous les talents, cette société crée une valeur partagée créative et humaine.

Une société relocalisée

Une société collaborative possède des lieux d'interactions et d'apprentissages, des lieux facilitateurs de collaboration qui doivent être protégés et animés par la communauté. Les outils de production y sont redistribués localement, équitablement, et les projets économiques sont jugés sur leur pérennité et non sur la maximisation des profits générés.

Un soin apporté au bien commun

La collaboration est l'une des constantes que l'on voit émerger des modèles économiques durables. Ici, des règles ont été élaborées collectivement par ses membres pour faciliter la gestion des biens communs, on y assemble et cumule la richesse des sensibilités, des points de vue, des compétences et des expertises. Cette société éveille, réveille, stimule les opinions et les réflexions et ouvre une nouvelle ère de conscience pour les femmes et les hommes du XXIe siècle.

Merci à…

Marc Tirel (connecteur de talents, d'idées et chercheur d'émergences), Nicolas Thierry (écologiste politique), Nathan Stern (ingénieur social), Aurélie Soly (responsable marketing), Tiffany Shlain (réalisatrice ultraconnectée), Agnès Séjournet (épouse/mère/amie/militante/chargée de com), Morgan Segui (ingénieur changemaker), Sébastien Ravut (entrepreneur social, d'avenir… tout court), Gregory Poinsenet (entre doutes et convictions), Ludovic Plisson (designer en plus), Giovanni Pandolfo (coordinateur national voisin-âge), Emmanuelle de Pétigny (dirigeante d'un cabinet conseil en partenariats), Albert de Pétigny (collectionneur d'histoires), Karine Oudot (entrepreneure), Natalie Ortiz (designer), Youssef Nimzilne (entrepreneur), Thanh Nghiem (exploratrice de modes de vie durable), Edwin Mootoosamy (entreprenant avant d'être entrepreneur), William Monlouis-Felicite (passeur et humaniste), David Melki (chef d'entreprise), Benita Matofska (partageuse en chef), Antonin Léonard (entrepreneur collaboratif), David Le Norcy (animateur de développement de collectif), Vince Kasten (auteur et consultant coopétitif), Vincent Houba (vivant!), Émile Hooge (regarde le présent avec les yeux du futur), Étienne Hayem (valeureux), Neal Gorenflo (journaliste partageable), Nicolas Guenro (acteur de l'autopartage), John Grant (coopportuniste), Lisa Gansky (meshy woman), Jean-Marc Gancille (directeur du développement durable, militant associatif, père de famille, intrapreneur), Nicolas Le Douarec (de passage sur Terre), Olivier Demaegdt (entrepreneur), Sylvain Delord (tisseur de lien), Isabelle Delannoy (auteure et consultante en DD), Emmanuel Delannoy (agent de reliance), Jéromine Derigny (photographe), Vincent David (connecteur), Christophe Cesetti (activateur de richesses), Christophe de La Chaise (éducateur de talent, entraîneur de son équipe de basket familiale), Gauthier Chapelle (biomiméticien et biosphèrien), Anne-Laure Brun-Buisson (médiatrice, avocate), Francis Bonnet (conseilleur), Flore Berlingen (passionnée et militante), Léo Benichou (curieux), Mélanie Bénard (mère au foyer), Mathieu Baudin (rêveur du possible), Frédéric Bardeau (libre), Marielle Barbe (slasheuse : consultante/communicante/coach en modes de vie durables), Jérôme Auriac (libre), Rachel Arnould (ingénieur environnement)…

Lexi-Co

Le vocabulaire de la corévolution est riche de nouveaux mots regroupés pour quelques-uns d'entre eux dans ce lexique :

1+1=3 : c'est la formule mathématique de la corévolution, la collaboration à deux ou à plusieurs apporte plus que la somme des parties en présence.

2.0 : qualifie l'esprit interactif de la notion à laquelle il est rattaché (on parle ainsi de Web 2.0 en référence au Web interactif, mais aussi de mentalité 2.0 ou de management 2.0)

B2B : « Business to Business », c'est-à-dire entre professionnels. Il existe aussi B2C (« Business to Consumer ») entre un professionnel et un particulier, C2C : entre consommateurs.

Boycott / Buycott : le boycott est le refus de consommer des produits ou services d'une entreprise ou d'une nation. À l'inverse, le buycott est l'appel à consommer pour soutenir une initiative, la plupart du temps vertueuse.

Convivialisme : désigne le bien-vivre dans l'équité, par la création et le partage des ressources qui y pourvoient (théorie définie par Ivan Illich, 1972).

Coopétition : mélange des mots coopération et compétition. La coopétition est la collaboration opportuniste entre différents acteurs économiques qui, par ailleurs, sont des compétiteurs.

Copyright : à proscrire dans le vocabulaire d'un corévolutionnaire ! Privilégier le copyleft : c'est la possibilité donnée par l'auteur d'un travail de copier, d'utiliser, d'étudier, de modifier et/ou de distribuer son œuvre dans la mesure où ces possibilités restent préservées.

Crowd : la foule, le groupe, la masse. Peut s'appliquer aux notions de partage d'idées (*crowdsourcing*) ou de financement (*crowdfunding*), ou toute initiative faisant appel à un groupe élargi.

DD : surnom donné au développement durable, nouvelle conception de l'intérêt général qui nous invite à prendre en compte les aspects économiques, environnementaux et sociaux de notre présence sur la planète.

Économie circulaire : par opposition à l'économie linéaire qui conduit en masse les produits de l'usine à la décharge, elle rapproche les écosystèmes industriels du fonctionnement équilibré et quasi cyclique des écosystèmes naturels.

Économie de la fonctionnalité : concept de l'économie durable qui consiste à faire payer un service (transport, éducation, culture, etc.) ou l'usage d'un bien, plutôt que de payer le bien lui-même.

Open source : s'applique aux logiciels dont la licence offre la possibilité de libre redistribution, d'accès au code source et aux travaux dérivés. Généralement, « open » recouvre tout ce qui désigne un esprit ouvert et libre comme par exemple « open space », « open bar ».

Parties prenantes: une partie prenante est un acteur individuel ou collectif concerné par une décision ou un projet. La notion de partie prenante est centrale dans les questions de Responsabilité sociale des entreprises (Rse).

Peer to peer: P2P ou pair-à-pair en français, terme informatique qui représente un réseau où chaque utilisateur est aussi un serveur. Il permet par exemple d'échanger des fichiers musicaux ou des films sur Internet. Ce mode de fonctionnement imprègne peu à peu nos modes de pensée, au point d'incarner, pour certains, un puissant levier pour changer le monde.

RSE: Responsabilité sociale (ou sociétale) des entreprises, pratique dans laquelle les entreprises intègrent les préoccupations sociales, environnementales et économiques dans leurs activités sur une base volontaire. Plus simplement, c'est la contribution des entreprises aux enjeux du développement durable.

WeEconomy: c'est « l'économie du nous » où les consommateurs échangent, partagent, louent entre eux des biens et des services. Terme approchants: wikiéconomie, économie de l'échange, économie de la contribution, consommation collaborative.

Introduction

Changer de paradigme

Amis citoyens du monde occidental, dit « civilisé », ce livre est fait pour vous ! Pour vous faire vivre, le temps de sa lecture, un monde convivial, une société collaborative, une économie du partage, une politique du don, une culture de l'amour. Imaginez… qu'à la place des peurs et des craintes de l'avenir, on rencontre l'enthousiasme du lendemain, l'envie d'agir en commun, et le plaisir de vivre au quotidien. Imaginez que ces attentes deviennent réalité, et que l'on ne vous dise pas, pour une fois, de vous restreindre et de vivre dans l'austérité. Si vous l'imaginez bien, vous le verrez : ce monde est en marche.

Pour le parcourir, nous vous proposons d'effectuer un petit voyage intellectuel. Petit conseil avant le départ : voyagez léger, ouvrez vos mirettes, et laissez-vous tenter… Dans le pays des corévolutionnaires, on parle un langage souvent teinté d'anglicismes, en manipulant des concepts aux nuances variées. Que cela ne vous effraie surtout pas, dans ce monde en bourgeonnement, vous apporterez aussi votre pierre à l'édifice.

Pour comprendre ce qui a initié cet ouvrage, revenons en 2009. À cette époque, cela fait dix ans que Stéphane travaille dans le développement durable. Depuis 2003, son métier consiste à redonner sa place à l'humain au cœur des organisations. Anne-Sophie vient de soutenir sa thèse d'économie, elle blogue depuis 2006 et s'investit dans divers projets associatifs ayant à cœur de mettre les outils du web au service du développement durable. Nous réalisons alors au quotidien à quel point la logique collaborative imprègne notre société et comment elle peut répondre aux enjeux du développement durable.

Le déclic a eu lieu en lisant un article sur le site américain Worldchanging dans lequel est évoqué le concept de «collaboration radicale» (que nous détaillons au cours de notre périple!). Anne-Sophie fait le lien: la consommation collaborative, l'économie du partage, la coopportunité, l'économie ouverte, l'économie du nous, la néo-économie, l'économie humaine, l'économie servicielle, le capitalisme partagé, etc., sont autant de nouveaux termes qui s'ajoutent progressivement aux notions déjà répandues d'économie circulaire, d'économie de la fonctionnalité, d'économie coopérative, de convivialisme, d'économie sociale et solidaire. Ces notions ne vous parlent peut-être pas encore, mais sachez qu'elles sont proches et reflètent les différentes facettes d'un seul et même phénomène que nous avons baptisé «corévolution». Pour en comprendre les tenants et les aboutissants, prenons le temps d'en planter le décor.

L'avenir du monde ne peut plus attendre

Avons-nous besoin de faire ici un inventaire à la Prévert? L'urgence climatique, l'accroissement des pollutions, la problématique des déchets, l'érosion de la biodiversité, le creusement des inégalités, le déficit de relations sociales, la perte de sens, etc., nous rapprochent chaque jour un peu plus d'un mur impossible à franchir si nous n'anticipons pas sérieusement les points d'appui de la prise d'élan nécessaire pour le surmonter.

Aujourd'hui, le manque de résonance des appels effectués depuis plus de quarante ans par les lanceurs d'alertes est criant. Les sommets de l'ONU sur le climat se répètent et se ressemblent... dans leur incapacité à engendrer des décisions politiques et une mobilisation citoyenne dignes de ce nom. Pendant ce temps, l'empreinte écologique de nos sociétés va croissant, l'équivalent de trente-quatre terrains de football de forêt tropicale disparaissent chaque minute, l'acidification des océans se poursuit à un rythme effréné, et les pollutions continuent de se multiplier à mesure que nous nous déconnectons de nos fondamentaux, dans une posture hors-sol qui oublie très vite ce qui disparaît...

Mais ne cédons pas au pessimisme ! Comme l'exprime avec justesse l'auteur Virginie Raisson dans son *Atlas du futur des mondes*, « *en scellant l'avenir de chacun à celui de tous, le réchauffement climatique ou les migrations sont de formidables invitations à réinventer le monde* ». Nous devons pour cela adopter un nouveau « logiciel de pensée » et appréhender le monde avec de nouvelles lunettes : s'il est difficile de freiner une course démesurée vers le toujours plus, ce n'est pas impossible.

Nous sommes persuadés en effet de la possibilité d'inverser certaines habitudes. Aujourd'hui, la majorité des consommateurs sont enfermés dans une logique consumériste et ne pensent pas aux effets cumulés de leurs comportements. Ils sont de plus en plus nombreux, cependant, à ressentir un mécontentement grandissant face à cette hyperconsommation, à constater l'écart croissant entre l'être et l'avoir, à ne plus être naïfs quant aux méthodes utilisées par les techniques marketing, les organismes de crédit et les industriels appliquant une obsolescence programmée[1] aux produits qu'ils fabriquent. Conscients que le pétrole et la communication furent deux moteurs d'une rare puissance pour le développement de nos sociétés, ils sont désireux, à présent, de retrouver une certaine dose de « bon sens » et de vivre dans des systèmes économiques plus humains.

1 Techniques visant à réduire la durée de vie ou d'utilisation d'un produit afin d'en augmenter le taux de remplacement, on parle aussi de « désuétude planifiée ».

Aussi croyons-nous en l'émergence d'une économie plus humaine, protectrice de l'homme et de la nature, une économie de la connaissance, relocalisée et relocalisante. Ce changement de paradigme est en cours et l'espérance peut désormais être exprimée dans un autre langage que celui de l'anticapitalisme. La raison en est simple: pour répondre au défi du XXIe siècle, nous sommes contraints d'inventer d'autres modèles que le libéralisme, le socialisme ou le communisme; nous devons construire sur la sagesse des sociétés de tradition tout en optimisant le meilleur de la modernité occidentale.

La bonne nouvelle, c'est que ce temps est venu. La révolution en laquelle nous croyons est une révolution du cœur. Une révolution de «l'être ensemble» qui peut rendre hommage à la société conviviale imaginée dans les années 1970 par le père de la pensée écologiste, Ivan Illich. Nous possédons aujourd'hui les outils nous permettant de nous affranchir du «toujours plus» pour aller vers les vraies richesses. Qu'attendons-nous pour stopper «la machine à prédation» et mettre fin au mal de vivre qu'elle engendre? Qu'attendons-nous pour «*travailler ensemble et prendre soin les uns des autres*[2]»?

Alors que les appels à une société plus humaine et conviviale fleurissent depuis trente ans, nous avons les capacités de mettre en œuvre le changement nécessaire à la corévolution. En témoignent les quatre éléments majeurs qui composent le substrat fondateur de cette nouvelle ère économique et sociale.

Tous connectés, avec une mentalité 2.0

Dans la société collaborative qui se dessine pour demain, Internet

2 In: *De la convivialité, dialogue sur la société conviviale à venir,* collection Cahiers libres.

et les réseaux sociaux impactent en profondeur nos modes de pensées et d'action. Les jeunes générations, composées de « natifs numériques[3] » et souvent qualifiées de « génération Y[4] », ne réfléchissent plus comme leurs aînés. Elles n'accordent plus la même importance aux priorités portées par leurs parents et conçoivent leur consommation dans l'accès plus que dans la propriété. Les « immigrants numériques » qui ont appris à se servir d'Internet à un âge adulte ne sont pas en reste pour autant et s'adaptent progressivement à ces nouveaux usages. À mesure que s'étend le web participatif (aussi qualifié de web 2.0, relativement au web 1.0 où les internautes n'étaient pas autant en interaction sur la Toile), nous sommes de plus en plus interconnectés. Cette façon d'être ainsi reliés modifie en profondeur notre façon d'appréhender les autres et contribue à l'émergence d'une nouvelle façon de voir et d'être dans le monde.

Cette « mentalité 2.0 », héritée de la nouvelle technologie intellectuelle[5] que forme Internet, est empreinte de liberté et fonctionne sur une logique de transversalité. Les réseaux sociaux remettent en cause le rapport à la hiérarchie et aux relations de pouvoir. Pour faire simple, le changement de conscience engendré par Facebook et Twitter nous placent dans un mode de pensée en réseau, une pensée latérale. La réalisatrice américaine Tiffany Shlain

3 Les « digital natives » (selon le terme élaboré par le professeur américain Març Prensky) qui ont toujours grandi dans un univers numérique composé d'ordinateurs, d'Internet, de téléphones portables ou autres baladeurs mp3.

4 La génération Y qualifie les jeunes nés entre 1980 et 1995. Le « Y » serait choisi en référence à l'image que trace le fil de leur baladeur sur leur torse, mais d'autres explications estiment que ce nom vient de la génération précédente (génération X), ou bien encore de la façon dont la lettre se prononce en anglais (« wai », *why*) signifiant pourquoi.

5 Selon le terme utilisé par Thanh Nghiem, reprenant le qualificatif de l'anthropologue Jack Goody au sujet de l'écriture comme « technologie intellectuelle », in *Des abeilles et des hommes*, 2011.

a mûri cette réflexion dans le cadre du documentaire *Connected* qu'elle a produit en 2011 : elle y explique que l'ensemble des liens que nous tissons par le biais des technologies mobiles (Internet, téléphone, etc.) développe notre confiance envers les interlocuteurs avec lesquels nous échangeons régulièrement. Au fur et à mesure, nous développons un fort sentiment communautaire qui expliquerait ce besoin de connexion. Certaines études montrent même le rôle de l'ocytocine, hormone générée chez les femmes lors de l'accouchement et de la lactation, dans l'attachement que nous développons ainsi – non envers les technologies, mais envers nos interactions intimes et sociales. L'ocytocine favorise la coopération, l'altruisme, l'empathie, et parfois même le sens du sacrifice pour autrui, cette « hormone du câlin » a donc un rôle de « colle sociale » qui cimente les familles, les communautés et les sociétés tout en agissant comme un liant économique et social. Une expérience menée par le neuro-économiste Paul J. Zak prouve d'ailleurs que les interactions que nous avons « en ligne », via les réseaux sociaux, engendrent une hausse de nos sécrétions d'ocytocine[6], le taux de sécrétion variant selon la profondeur de la relation entretenue avec notre interlocuteur, même à distance.

Les conséquences de cette nouvelle façon d'interagir vont d'ailleurs bien au-delà de nos relations interpersonnelles. La révolution provoquée par le « pair-à-pair » change non seulement nos relations sociales, mais aussi nos modèles économiques, nos formes d'organisations, et peut-être même, à terme, « *notre paysage politique et notre manière de gouverner* » estime l'écono-

---

6 Lire à ce sujet l'article d'Adam Penenberg, « Digital Oxytocin: How Trust Keeps Facebook, Twitter Humming », publié le 18 juillet 2011 sur Fast Company, www.fastcompany.com ainsi que cet article de Jenna Wortham paru dans le *New York Times,* en août 2010 « neighborly borrowing, over the online fence » www.nytimes.com

miste et essayiste Jeremy Rifkin, pour qui nous posons là les bases d'une civilisation entièrement nouvelle, fondée sur l'empathie[7]. Tiffany Shlain, pour sa part, se demande si nous ne devrions pas songer à déclarer notre « interdépendance »[8], nous qui avons toujours tenu à déclarer notre indépendance.

Une chose est sûre: les médias sociaux œuvrent désormais comme un levier économique, social et politique dominant. Ils participent à l'émergence d'une civilisation « mondiale » empathique et à l'avènement d'une société de l'interaction et de la complexité. Cette révolution des communications va de pair avec une prise de conscience globale des enjeux du développement durable et la révolution nécessaire de notre mode de production énergétique.

Tous concernés, face aux enjeux d'un développement durable

L'urgence climatique, la multiplication des pollutions, la perte de biodiversité, la gestion des déchets et les gâchis générés par les excès de nos sociétés consuméristes et d'une conception linéaire de l'économie sont autant de défis auxquels nous devons répondre rapidement.

La vérité est que nous sommes embarqués sur le même bateau: c'est pourquoi nous devons (re)développer des compor-

---

7 Interview accordée au média SFR Player (n°6, « on partage ») en 2011, www.sfr.com. Cette thèse est celle qu'il défend dans *Une nouvelle conscience pour un monde en crise. Vers une civilisation de l'empathie*, éditions Les Liens qui libèrent.

8 Le film *Connected* est sorti aux États-Unis au printemps 2011. Tiffany Shlain y souligne à juste titre que les civilisations ont de tout temps cherché à déclarer leur indépendance... notion que nous devons revoir aujourd'hui, au point de réfléchir à une déclaration d'interdépendance, article Ecoloinfo du 11 juillet 2011 « Tous connectés, affirmons notre interdépendance » www.ecoloinfo.com

tements solidaires intra et intercontinentaux, intergénérationnels, interculturels pour reprendre le cours de notre humanité et ne pas nous perdre dans une dérive que nous ne pourrons plus maîtriser si elle atteint un point de non-retour (*tipping point*[9]).

De nombreuses communautés s'activent pour préserver autant que possible l'avenir des générations futures. L'engagement de personnalités comme Al Gore avec son film *Une vérité qui dérange*, la pression mise sur le gouvernement français par certaines Ong (Organisations non gouvernemetales) comme le collectif de l'Alliance pour la Planète en 2007 ou la fondation Nicolas Hulot avec le pacte écologique auront été nécessaires pour que nos responsables politiques et nos médias prennent la mesure des chantiers communs qui nous attendent. Depuis 2007 et le lancement du Grenelle de l'environnement en France, depuis 2009 et la forte médiatisation du sommet de Copenhague, la sensibilisation et la mobilisation des consciences a progressé. Le nombre d'éco-citoyens s'accroît d'une année sur l'autre, et les entreprises développent leur responsabilité sociale et environnementale de manière plus affirmée.

Rob Hopkins, fondateur du mouvement Des villes en transition, explique à quel point l'énergie et l'enthousiasme ne manquent pas dans les communautés agissantes[10]: agir permet de retrouver du sens dans un monde en crise. Considérer les problèmes énergétiques et environnementaux comme devant

9 *Tipping point*: peut se traduire par « point de basculement » ou « point critique » qui est un élément de sociologie pour expliquer un moment dramatique où un phénomène singulier devient commun et impacte son environnement de manière large.

10 Voir la publication « What can Communities Do? » de Rob Hopkins (sept 2011) www.postcarbon.org. En 2007, il n'y avait que quelques initiatives au Royaume-Uni, en 2010 plus de trois cents initiatives dans plus de treize pays.

être résolus par d'autres ne nous permet pas de déployer notre potentiel à créer le changement. Le monde en transition n'attend donc pas les directives des institutions et ceux qui prennent ces défis comme une opportunité de faire autrement (dans leur rue, leur voisinage ou leur communauté) sont nombreux à interroger le fonctionnement de l'économie et de la société.

Le développement de ces engagements citoyens entraîne d'ailleurs une relocalisation de nos économies. Loin du désir de vivre en autarcie et de mettre fin aux avancées permises par la mondialisation, ils relocalisent ce qui peut l'être. En témoignent, là aussi, la progression des attitudes locavores et les initiatives prônant le « made in France ». Les différentes crises sanitaires ont généré, depuis le scandale de la vache folle, une « ère du soupçon[11] » telle que les consommateurs en mal d'authenticité opèrent un retour aux sources : pour le sociologue Erwan Lecœur, « *le "local" reprend une place nouvelle dans les représentations et les attitudes. C'est une façon de réinventer la convivialité perdue des métropoles, dans une proximité à la fois rassurante et gage d'une identité ("être de quelque part", à défaut d'être "quelqu'un".)* » Qui plus est, notre capacité d'action renouvelée au niveau local et accélérée par le développement des technologies mobiles illustre notre besoin d'appartenance sociale.

Tous mobilisés, pour un autre possible

L'élan de révoltes citoyennes qui s'est diffusé dans plusieurs pays depuis 2010 forme le troisième pilier de la corévolution. Le succès mondial de l'ouvrage de Stéphane Hessel, *Indignez-vous !*, tout

11 Cf. à ce sujet le rapport remis par Yves Jego au président de la République en mai 2010, « En finir avec la mondialisation anonyme : La traçabilité au service des consommateurs et de l'emploi ».

comme les révolutions arabes et le mouvement des Indignés sont le signe d'aspirations politiques et citoyennes nouvelles.

Les modes de mobilisation ont également évolué. Depuis les manifestations altermondialistes de Seattle devant l'Organisation mondiale du commerce, en 1999, apparaissent des modes d'« activisme positif » : il s'agit de formes d'action non violentes pour dénoncer le système et l'inciter à prendre des directions alternatives plus respectueuses des hommes et de la planète, mais aussi de formes d'actions moins militantes, moins inscrites dans une logique de confrontation classique avec le système en place. Pour le philosophe Patrick Viveret, le forum social de Belém, qui s'est tenu en Amazonie brésilienne en janvier 2009 posait d'ailleurs deux questions : celle des biens communs de l'humanité, d'une part, et du bien-vivre, d'autre part.

À bien y réfléchir, nous retrouvons ce questionnement en filigrane des révolutions populaires qui animent le monde actuel. L'usage des réseaux sociaux donne aussi un autre écho à ces mouvements de protestation. La révolution tunisienne, tout comme les révolutions égyptienne, libyenne et yéménite ont su provoquer des effets de levier comme cela n'était jamais arrivé auparavant. La rapidité des échanges d'information permet désormais de « faire masse » en un rien de temps. Et donc de manifester des mouvements d'adhésion en grand nombre autour de sujets de préoccupation économique, financière (avec la crise de 2008), politique (printemps arabe, élections russes), écologique (Fukushima...) importants. Les réseaux sociaux n'expliquent pas tout, mais il est indéniable que leur présence modifie la donne dans la mobilisation citoyenne mondiale.

La corévolution témoigne ici de la foi que nous pouvons avoir en la nature humaine, pour peu que nous la regardions autrement.

Nous aspirons naturellement à la coopération, à la recherche de relations et au sens de l'empathie – plutôt qu'à la compétition, à l'affirmation de sa propre autonomie et à la poursuite aveugle de la satisfaction de ses intérêts. Reste à savoir si notre civilisation se fonde véritablement sur l'empathie, ainsi que l'affirme Rifkin[12], ou sur une solidarité contrainte par l'ensemble des enjeux auxquels nous faisons face aujourd'hui[13].

Si certains faits récents montrent que ces élans citoyens n'empêchent pas l'expression de relents nationalistes, nous avons à cœur de concentrer notre attention sur les éléments positifs de changement qui se présentent actuellement dans les sociétés occidentales. D'autant que la civilisation mondiale dans laquelle nous évoluons illustre sa capacité de résilience au travers des crises systémiques qu'elle traverse.

Tous reliés en mode « système D »

Le contexte de crise financière, économique et sociétale dans lequel nos sociétés sont plongées depuis la fin des années 2000 nous incite à revoir notre conception de la croissance et du bien-être. La libéralisation des échanges n'a pas tenu ses promesses : si des progrès ont été effectués en termes de développement humain, les inégalités de développement économique et social se creusent entre les plus riches et les plus pauvres.

Certains pans du « village mondial » menacent de s'écrouler

12 in : *Une nouvelle conscience pour un monde en crise. Vers une civilisation de l'empathie* (2011) Jeremy Rifkin : « *La civilisation, c'est la détribalisation : la socialisation fondée sur les liens du sang se défait et une resocialisation s'opère sur la base de liens d'association entre individus [...] Quand nous disons "civiliser", nous disons "empathiser."* »

13 En ce sens, les notions de solidarité mécanique et de solidarité organique décrites par Durkheim permettent de questionner le poids du nous et du collectif dans une société occidentale où domine l'individualisme.

et les failles des lois du marché économico-financier se révèlent : progression du chômage, précarité, crise de la dette et des *subprimes*. Les citoyens des économies « développées » commencent à s'indigner de la dictature des marchés et des agences de notation.

L'avantage ici, c'est que les habitudes adoptées en temps de crise façonnent une nouvelle façon d'agir et de concevoir les richesses. L'hyperconsommation va s'effacer progressivement au profit de logiques de consommation plus collaboratives. Nous allons revenir aux fondamentaux de nos besoins quotidiens (se loger, se nourrir, se déplacer, prendre soin de son corps et de sa santé, s'éduquer, s'équiper, se divertir, s'impliquer, s'habiller, s'assurer et se financer, communiquer) en imaginant d'autres possibles pour les satisfaire.

La devise « moins de biens, plus de liens » a d'ailleurs de beaux jours devant elle : nous entrons dans un nouvel âge du capitalisme, un capitalisme distribué où la société repose plutôt sur l'accès aux biens, avec des générations plus tolérantes, plus cosmopolites et moins consuméristes. Avec en filigrane une réflexion sur la vraie richesse de nos sociétés.

Mais comment promouvoir cette plus grande collaboration des individus, des organisations et des institutions ? C'est l'objet même de notre ouvrage !

La corévolution sauvera le monde

Nous en sommes profondément convaincus, la corévolution est un phénomène sociologique majeur doublé d'une révolution des modèles économiques. La crise et les enjeux du développement durable, alliés au déploiement massif des nouvelles technologies de l'information, ont favorisé l'émergence d'une conscience éco-systémique du monde. Halte à la vision linéaire et individualiste (j'achète, je consomme, je jette), place à l'action globale et collective (j'agis en conscience de mes impacts et je prends mes responsabilités : je consomme différemment, je recycle, je donne, j'échange, je loue, etc.).

Prenons toutefois bien garde à la rapide évolution de cet éco-système mondial : elle est telle que les savoirs progressent désormais beaucoup plus rapidement que le temps qu'il faut pour les acquérir. Notre rapport au temps s'en trouve transformé ; pour s'adapter, les hommes doivent s'associer. « *C'est une nécessité absolue,* pour le philosophe Michel Authier, *chacun ayant son rythme propre, la somme de ce qu'ils vont former ensemble va permettre de suivre l'évolution du monde. La collaboration, la coopération et la coopétition sont devenues indispensables à la production de la valeur sur le plan économique*[14]. »

Nous trouvons dans l'actualité de nombreux éléments venant confirmer l'existence de ce besoin urgent de répondre collectivement aux défis qui se dressent devant nous. En 2011 par exemple, le journal britannique *Time* a décerné le titre de personnalité de l'année à un protestant anonyme, symbole des révolutions dans les pays arabes. En 2012, l'association TEDx[15] n'a pas distingué une personnalité, mais la « ville 2.0 », avec pour objectif de lancer une réflexion collective et une « collaboration radicale » sur le sujet[16]. La *Social Media Week* 2012 se focalisait également sur la force

14 Intervention à la 16e Université hommes entreprises en août 2010.

15 Les conférences TED (Technology Entertainment Design) croient en la puissance des idées pour changer le monde. Elles se tiennent une fois par an en Californie depuis 1990. Le concept s'est développé dans d'autres villes du monde sous l'appellation TED Global, avec toujours comme principe de valoriser des interventions pluridisciplinaires.

16 Article de *Social Média Week* (décembre 2011) « Ted's city: the year of the collaborative idea » www.socialmediaweek.org

donnée au changement par la collaboration[17]. L'effet Wikileaks[18] prouve aussi, à sa manière, combien les organisations évoluent dans un monde hyper-ouvert, si bien qu'il est indispensable d'être transparent pour tisser des liens de confiance, innover, collaborer et accroître ses performances.

À l'heure où les termes collaboration, transparence, partage, interdépendance et intégrité deviennent les maîtres mots[19], la corévolution s'impose à nous aussi bien par la force des avancées technologiques, économiques et sociales que par la nécessité de trouver aujourd'hui un nouveau paradigme économique, environnemental et sociétal. Elle se vit tant au niveau individuel qu'au niveau collectif et soutient l'émergence d'une société plus durable.

L'homme et le pouvoir citoyen incarnent donc le fil rouge de notre propos. C'est pourquoi le voyage que nous vous proposons explore avant tout les logiques de collaborations citoyennes. Le premier chapitre s'intéresse de près à l'usage des réseaux sociaux, à l'expression citoyenne, au partage, au troc, au don et à l'émergence de la « consommation collaborative » avant de s'attarder sur la notion d'économie collaborative. Dans un second temps, nous regarderons comment cet élan donné au pouvoir citoyen renouvelle le rôle de la société civile, et notamment de quelle façon il retisse les liens entre organisations qui n'iraient spontanément

17 « Empowering change through collaboration » était le thème des conférences organisées partout dans le monde par la *Social Media Week* de 2012.

18 Wikileaks est une association à but non lucratif qui publie des documents et des analyses politiques et sociétales. Sa raison d'être est de donner une audience aux fuites d'information, tout en protégeant ses sources. Wikileaks a provoqué la fureur de plusieurs États en 2011 en publiant des informations diplomatiques confidentielles.

19 À ce sujet, voir l'interview de Don Tapscott, consultant canadien renommé en stratégie des affaires (décembre 2011) « Big ideas for 2012 » www.socialmediaweek.org

pas travailler ensemble (entreprises et Ong par exemple). On parle alors bien souvent de coconstruction, mais aussi d'économie sociale, de *social business*... Des modes de collaboration relativement neufs qui renouvellent la vision du rôle de l'entreprise, au point d'inciter certaines à agir différemment et à pratiquer des collaborations radicales au service du développement durable. Vous faire découvrir les effets de la corévolution sur les modes de collaboration entre organisations concurrentes, c'est ce à quoi s'attachera notre troisième chapitre. Enfin, la dernière étape de notre périple explorera les notions de management collaboratif: les logiques à l'œuvre dans la société civile se diffusent dans les organisations, ne laissant plus de doute sur l'importance même du changement de paradigme.

Chaque chapitre détaille les ingrédients de ce nouveau paradigme: ils donnent à voir ce qui le rend possible et décryptent ses rouages. Si nous y retrouvons chaque fois les éléments du «terreau fertile» décrit précédemment, nous nous efforçons aussi de fournir quelques pistes pour amplifier le mouvement et le répliquer le plus largement possible.

Il est temps à présent de partir à la découverte de ce nouveau modèle. N'hésitez surtout pas à saisir ces nouvelles opportunités qui se présentent: la corévolution porte en elle l'avènement d'un développement vraiment durable et d'une nouvelle manière d' «être ensemble», de «faire société». Surtout, laissez-vous tenter par l'expérimentation des différents exemples que vous aurez croisés; l'appétit de corévolution vient en agissant!

So... let's CO[20]?

20 N'oubliez pas, le lexiCo en début d'ouvrage est à votre service!

chapitre 1

SOUS LES CLAVIERS LE PARTAGE ET LA CORÉVOLUTION CITOYENNE

« Il y a assez de ressources sur cette planète pour répondre aux besoins de tous, mais pas assez pour satisfaire le désir de possession de chacun. »

Gandhi

La révolution de nos modes de communication impacte en profondeur les modes d'échanges et d'implication citoyenne. Une nouvelle force économique et culturelle puissante est irrémédiablement en route : l'influence du Web2.0 et des réseaux sociaux contribue à l'émergence d'une « culture du nous » qui ne réinvente pas seulement ce que l'on consomme, mais la manière dont on consomme. Une culture qui nous permet de « faire masse » et d'agir aussi plus solidairement. Dans cette perspective, une partie du monde peut être vue comme une interconnexion permanente de réseaux[21], substrat fertile sur lequel de grandes causes peuvent être défendues.

21 Une partie seulement, car n'oublions pas qu'un tiers de la population mondiale n'a pas accès à Internet...

La fin des années 2000 a vu l'émergence d'un nouveau mode de consommation. Si Internet a bouleversé nos modes d'achat, nous assistons aujourd'hui à une « *croissance exponentielle des formes de revente, de location, de partage, de troc, d'échange, permise par les nouvelles technologies et notamment les technologies peer-to-peer* » explique Rachel Botsman, auteure du best-seller *What is Mine is Yours* ("Ce qui est à moi est à toi"). Ce phénomène, qualifié de consommation collaborative selon le terme employé par Ray Algar dans la revue *Leisure Report* en avril 2007, permet d'optimiser l'utilisation des objets, mais pas seulement : aux côtés du mode d'achat en ligne traditionnel (entre un professionnel de la vente en ligne et un consommateur) se multiplient des sites internet sur lesquels les consommateurs échangent, louent ou achètent entre eux toute sorte d'objets, de lieux, de services ou même de savoir-faire.

L'idée sous-jacente à cette tendance est la mutualisation en réseau des ressources possédées par chacun, d'où cette remise au goût du jour des modes de partage et du collaboratif. Si la colocation et le covoiturage ne sont pas des concepts nouveaux, ceux de *couchsurfing*, de *crowdfunding*, de *coworking*, de *colunching* et bien d'autres « co » le sont beaucoup plus. Aujourd'hui, les principes de troc, de don et de l'échange sont renouvelés par le pair-à-pair (P2P), une technologie informatique qui permet aux ordinateurs de communiquer en réseau, d'être à la fois client *et* serveurs et de partager ainsi simplement des contenus multimédias (fichiers, musiques, films, téléphonie, etc.) via Internet. Le système fonctionne d'autant mieux que le nombre d'ordinateurs (de nœuds) est important dans le réseau, rendant ainsi plus facile le partage de fichiers très demandés.

Pour Lisa Gansky, entrepreneuse récidiviste et auteure de *The*

Mesh (le maillage), autre ouvrage de référence sur la tendance de la consommation collaborative, « *la nouveauté vient de la capacité que nous avons aujourd'hui à localiser aisément un ami, un expert hyper-spécialisé, un train, une place de parking libre, un service dont on a besoin quand on en a besoin. Cette facilité change radicalement la façon dont nous organisons nos vies. Notre monde ultraconnecté nous permet d'être connectés entre nous, mais aussi aux choses que nous partageons collectivement. (...) Au cœur de l'économie du partage se trouve l'idée de transformer ce que nous avons toujours considéré comme déchets en vraie valeur* ». Cette idée de convergence entre réseaux sociaux, géolocalisation[22] et nouveaux usages du mobile a été incarnée par Loïc Lemeur fin 2011 dans une nouvelle expression : le Solomo (contraction de « Social local mobile »).

Plusieurs typologies ont été proposées pour décrire l'ensemble des initiatives de consommation collaborative. La journaliste Jenna Wortham, dans le *New York Times*[23], différencie par exemple les formes de services où l'on se regroupe pour acheter en commun ou financer un projet, et les formes qui organisent le prêt, le don, le troc ou l'échange de biens, de temps ou de compétences.

Rachel Botsman, fer de lance du concept, préfère distinguer trois systèmes : ceux qui transforment les biens en services (le *product-service-system*, selon les principes de l'économie de la fonctionalité), ceux qui organisent la redistribution (revente, troc), et ceux qui encouragent les styles de vie collaboratifs

22 Fonction de localisation géographique en temps réel permise par les technologies mobiles.

23 « Neighborly borrowing, over the online fence » de Jenna Wortham paru dans le *New York Time,* en août 2010.

et le partage de ressources immatérielles entre particuliers (*couchsurfing*, *colunching*, cohabitat).

En France, le collectif OuiShare[24] vise à étudier et accompagner le développement de l'économie collaborative au niveau international. Il réfléchit aussi à une définition plus précise de ce mouvement. Ses membres apportent une acception plus large, dans laquelle les modèles pair-à-pair, communautaires et distribués transforment l'ensemble des activités économiques, de la production à la distribution, en passant par le financement et l'organisation des services et les styles de vie. Ils insistent également sur la nécessaire distinction entre les modèles propriétaires et les modèles ouverts – le tout étant de s'assurer que les nouveaux services profitent au plus grand nombre. Leur approche distingue clairement les initiatives relevant de l'économie du partage (on partage un bien) de celles de l'économie collaborative (le partage d'une expérience, d'un service, et d'un lien – source d'interactions sociales).

Le fait que les services proposés soient gratuits ou payants, proposés à l'échelle locale ou globale, disponibles selon une plateforme centralisée ou en réseau, selon une logique B2B, B2C, C2C ou P2P[25]... sont autant d'éléments qui nuancent le degré collaboratif des solutions proposées.

Pour décortiquer les différents types de consommation collaborative, nous avons décidé d'adopter ici une approche différente. Nous identifions en effet quatre grands cas de figure dont la grille de lecture se fonde sur la notion de propriété :

---

24 Initié en 2012 par le blogueur Antonin Léonard du site www.consocollaborative.com

25 B2B : entre professionnels, B2C : entre un professionnel et un particulier, C2C : entre consommateurs, P2P : entre pairs.

• **La co-utilisation** : les projets qui entrent dans cette catégorie reposent sur le partage d'un usage, ils relèvent à la fois de l'économie de la fonctionnalité et de l'économie de l'échange. Il ne s'agit plus d'acheter des biens, mais de louer leur utilisation, dans une approche servicielle. Les bailleurs, qu'il s'agisse d'organisations privées ou publiques, ou de particuliers, restent propriétaires et rentabilisent l'accès à leur possession. En un mot, ils deviennent des fournisseurs d'accès.

• **La coélaboration** : nous qualifions là les pratiques d'achats groupés ou de financement collaboratif qui rendent possible la réalisation d'un projet. Des Associations pour le maintien de l'agriculture paysanne (AMAP) aux *fab labs*[26] en passant par le *crowdfunding* et l'économie coopérative, la coélaboration repose sur le partage de la propriété entre les différents contributeurs. Pour faire simple, disons que l'accès est copossédé.

• **Le troc** : se situent ici les pratiques de troc et de don-contre-don, dans une approche non marchande qui repose sur une logique d'échange de valeurs d'égal à égal. On échange une propriété ou un savoir contre un autre.

• **La cohabitation** : place ici aux initiatives qui ont en commun de privilégier l'être sur l'avoir. Plus que dans les autres catégories, c'est le plaisir de faire ensemble qui est mis en avant. On partage ainsi un lieu, un moment, une activité ou une expérience. La notion de propriété n'entre pas en compte, on s'attache à favoriser un bien commun.

Si les deux premières catégories impliquent des transactions monétaires, les deux autres peuvent aisément s'en passer. Nous le détaillerons aussi en temps voulu, mais notons dès à présent que

26 Fabrication Laboratory, plate-forme ouverte de création et de prototypage d'objets pour bricoleurs du XXIe siècle.

certaines pratiques peuvent surfer sur la tendance collaborative sans pour autant être véritablement collaboratives.

La co-utilisation : bienvenue dans l'ère des fournisseurs d'accès

Les services proposant un usage partagé de biens ont le vent en poupe. La raison est simple : l'hyperconsommation et l'obsolescence programmée raccourcissent la durée de vie des objets, dans une frénésie infernale qui, de plus en plus, remet en cause l'acte d'achat des biens. Pourquoi acheter une perceuse que je ne vais utiliser au total que 12 minutes par an[27] ? Pourquoi acheter une voiture qui va rester à l'arrêt 92 % de son temps ? S'interroger sur l'usage dont nous avons réellement besoin permet de questionner les besoins de consommation dont les stratégies marketing font la promotion. On réapprend alors à consommer pour vivre, et non à vivre pour consommer.

Bienvenue dans l'ère de l'accès

En co-utilisant des objets, nous entrons dans un monde de fournisseurs d'accès : la société qui propose un bien en location selon l'usage dont le consommateur a besoin fournit un accès à ce que nous aurions précédement acheté dans d'autres circonstances. De la même manière, le particulier qui rentabilise le temps d'inutilisation de ses objets est aussi un fournisseur d'accès[28]. Cela représente pour les particuliers qui utilisent les biens de cet individu, un accès plus simple, moins cher et moins engageant

27 Chiffre fourni par Élisabeth Laville, fondatrice d'Utopies, dans un article paru dans *Maison Magazine* en juin 2009 « Une écolo chez Casto » www.mescoursespourlaplanete.com

28 Rachel Botsman qualifie ce type d'individu de « peer providers », à la différence des « peer users », les consommateurs collaboratifs.

que les modes de consommation traditionnels. Tout cela est devenu possible avec le développement d'intermédiaires (des sites internet la plupart du temps) qui centralisent les offres et les demandes d'accès des usagers au travers d'un service sécurisé, inspirant la confiance et facilitant les échanges et acquisitions d'accès.

Dans cette logique d'économie de la fonctionnalité, l'utilité des produits est maximisée autant que possible[29] – ce qui, selon la qualité des biens en question, relance la question de leur durée de vie et invite progressivement les entreprises à revoir la qualité et la « durabilité » des biens qu'elles proposent.

Le cas de la société Interface, fabricante de moquettes, en est un bon exemple : en 1994, le fondateur Ray Anderson réalise à quel point son activité surexploite les ressources de la planète (notamment le pétrole). Il commence alors à réfléchir à la façon dont il peut prolonger la durée de vie de ses produits tout en responsabilisant sa production. En 1999, il met au point la stratégie « Mid Course Correction », et en 2002 l'entreprise invente « Entropy », des dalles de moquette au dessin aléatoire, dont la pose et les imperfections liées aux raccords permettent de créer un motif unique. Ces dalles de moquette ont non seulement pour avantage de limiter les déchets, mais elles sont aussi conçues pour durer... indéfiniment, ou presque.

Depuis la prise de conscience de Ray Anderson, Interface cherche à promouvoir la location de moquettes et le recyclage après usage.

Cette nouvelle façon de concevoir la consommation est révolutionnaire : le consommateur, pour satisfaire ses besoins,

29 Contrairement ici à la pensée micro-économique néoclassique dans laquelle le consommateur maximise son « utilité ».

n'est plus obligé de consommer en achetant des biens, mais en achetant de l'usage et de l'accès.

En ce sens, le lavomatic en bas de chez vous est peut-être l'un des plus anciens exemples de co-usage ! Mais on en trouve bien d'autres aujourd'hui (*couchsurfing*, covoiturage, etc.) : les garanties apportées sur les sites de consommation collaborative renouvellent les pratiques[30].

D'ailleurs, nous ne devrions plus parler de consommateurs, mais d'utilisateurs ou d'usagers. On ne cherche plus à acquérir des produits car on s'interroge au préalable sur les besoins ou expériences que nous souhaitons vivre. La notion de possession perd ainsi de sa valeur, interrogeant la façon dont nous construisons notre moi social : bien sûr, certains continueront toujours à consommer de manière traditionnelle, mais d'autres se « réaliseront » de manière beaucoup plus immatérielle. Pour résumer, l'accès à la propriété sera de moins en moins valorisé pour céder la place à l'achat d'usage et à l'acquisition d'accès.

Prenons quelques cas concrets : il est aujourd'hui aisé d'avoir accès à des objets (les sites internet Zilok ou eloue par exemple), des lieux de villégiature (AirBnB, Bedycasa, Sejourning), des repas (Supermarmite), des récoltes (cavientdujardin, lepotiron), un parking (monsieurparking), etc.

Plus original encore : les créateurs et les artistes peuvent facilement valoriser et vendre leurs créations sur des sites comme Etsy (400 000 nouveaux membres par mois). Et si vous avez

30 En avril 2011 sur FastCompany, la journaliste Danielle Sacks dénombrait déjà 3 millions de couchsurfeurs dans 235 pays et plus de 2,2 millions de trajets en vélo libre service effectués chaque mois dans le monde ; article « The sharing economy » www.fastcompany.com

besoin d'emprunter de l'argent, des plates-formes web de crédit financier communautaire (comme Zopa, Lending Club ou Prêt d'Union en France) se développent actuellement afin de faciliter les prêts entre particuliers: depuis 2007, plus de 300 millions de dollars auraient été prêtés via Lending Club.

Notons aussi le succès fulgurant de la société AirBnB, qui fait école aujourd'hui. La location de maisons n'est pas un concept nouveau, mais le fait de louer la maison d'un particulier ou un espace chez lui demeure relativement récent. Le site ressemble à une place de marché mondiale par le biais de laquelle on peut réserver un logement et partir à la découverte d'endroits uniques, partout dans le monde. Joe Gabbia, le cofondateur d'AirBnB, estime que son service ne changera pas le monde, mais la façon dont nous le vivons[31]. Le site permet de trouver une solution différente à la problématique d'un manque de revenu (plusieurs fournisseurs d'accès sur AirBnB témoignent de ce besoin de faire des économies) et de proposer une expérience différente aux internautes.

Le résultat est éloquent: en 2010, le site a connu une croissance de 800 % et opéré une levée de fonds de 7,2 millions d'euros. AirBnB est aujourd'hui présent dans 192 pays, 19 000 villes, et propose plus de 100 000 offres[32].

Transport et mobilité: coup d'accélérateur sur les mutations

Le secteur des transports et de la mobilité est pionnier dans la consommation collaborative, de nombreux exemples illustrent

31 Article de Stéphanie Gerson « The emerging collaborative economy » (avril 2011) www.smartmobs.com

32 Présentation de AirBnB sur www.assets.airbnb.com

l'évolution de ses pratiques. Le constat initial est simple : au-delà des pollutions qu'elle génère, une voiture coûte cher (en moyenne 450 à 500 euros par mois) et reste inutilisée la plupart du temps. Si la location de voiture n'est pas nouvelle, son principe est aujourd'hui révisé par l'arrivée de nouveaux modes d'accès à la mobilité.

Les usagers qui veulent s'essayer à cette forme de consommation collaborative ont un panel de choix de plus en plus étendu. Outre les transports en commun et la location traditionnelle, les usagers peuvent effectuer un trajet en commun avec d'autres conducteurs en optant pour le covoiturage[33] ou faire appel à un service d'autopartage[34]. Ils peuvent aussi opter pour l'usage d'un vélo proposé par une organisation publique ou privée. Vélov, Vélib, Bicloo, etc., sont devenus des emblèmes de ces nouveaux modes de mobilité aujourd'hui !

Signe de l'intérêt des automobilistes, la plate-forme covoiturage.fr rassemble aujourd'hui la plus grande communauté européenne autour du covoiturage avec plus de 1,6 million de membres. Aux États-Unis la société ZipCar, fondée en 1999, a rapidement compris l'intérêt de proposer un nouveau mode d'accès à la voiture. Aujourd'hui leader de l'autopartage outre-Atlantique avec plus de 9 000 voitures en location, 605 000 membres et 350 salariés[35], elle est entrée en bourse en avril 2011.

Enfin, les sites d'autopartage entre particuliers se multiplient vite aux États-Unis et en France mais le secteur souffre encore d'un déficit de notoriété et d'une flotte trop restreinte. Ces

33 Covoiturage.fr, 123 en voiture, Ecolutis.

34 Privé (France Autopartage, Mobizen), public (Autolib) ou entre particuliers (Voiturelib, Livop, Citizencar, Buzzcar, Deways, etc.).

35 Chiffres fournis par Robin Chase lors d'une interview en octobre 2011.

start-up espèrent qu'à terme 1% des 32 millions d'automobiles se partageront[36].

Cette évolution de l'offre de mobilité est lourde de sens pour l'ensemble des autres secteurs de notre vie quotidienne. Selon Philippe Moati, professeur d'économie et ancien directeur de recherche au Credoc[37], l'automobile peut devenir «*le laboratoire de nouveaux modèles de consommation, non plus fondés sur la propriété, mais directement sur l'usage et ouvrir ainsi la voie d'une conciliation entre croissance de l'activité et développement durable*[38]. »

Pour cela, les acteurs impliqués dans les questions de mobilité (autorités, entreprises, transporteurs, constructeurs automobiles, usagers) devraient sans doute réfléchir plus en amont à la manière dont nos besoins de mobilité s'organisent selon l'organisation de notre quotidien dans l'espace et le temps.

Une chose est sûre néanmoins : à en croire l'analyse du sociologue Bruno Marzloff, notre rapport à la voiture amorce actuellement un passage du «*statutaire à l'utilitaire*» et l'adoption massive des réseaux sociaux fait perdre à la voiture de sa superbe auprès des nouvelles générations. À terme, mobilité physique et mobilité numérique devront s'ajuster et «*la transformation qui s'annonce est un vrai tsunami*[39]. »

---

36 Article de Sophie Verney-Caillat dans Rue89.com «*Je loue ta voiture, tu loues mon costume, on sauve la planète*» (août 2011).

37 Centre de recherche pour l'étude et l'observation des conditions de vie.

38 Cité sur Slate.fr, «L'automobile durable, une utopie ?» www.blog.slate.fr (août 2011).

39 Cette analyse est tirée d'une entrevue que nous avons eue avec Bruno Marzloff en octobre 2011 à l'occasion d'un débat organisé à Paris sur la mobilité en 2025. Certaines de ces analyses sont regroupées dans l'article «Voiture, mobilité, partage : demain c'est aujourd'hui» du blog Consommation collaborative www.consocollaborative.com

Dans un futur proche, c'est l'analyse et le traitement de données qui définiront le futur de la mobilité. La preuve ? IBM, Orange et Google investissent de plus en plus dans le secteur de la mobilité...

Le *coworking* : partageons plus qu'un espace de travail

Autre secteur où les choses évoluent vite : le *coworking*. Ce mode de travail connaît un véritable engouement avec une augmentation exponentielle de 400 % des espaces de *coworking* à travers le monde depuis 2010[40]. Défini sur Wikipedia comme « *un type d'organisation du travail qui regroupe deux notions : un espace de travail partagé, mais aussi un réseau de travailleurs encourageant l'échange et l'ouverture* », le *coworking* est né de la multiplication du nombre de travailleurs indépendants souhaitant partager un lieu d'exercice de leur activité prompt à leur proposer des échanges, de la coopération et de la créativité.

La vocation affichée est de partager plus que de l'espace, et peut donc être assimilée à une version 2.0 des espaces de bureaux partagés. Quand des entreprises mettent à disposition un espace de travail inoccupé à des tarifs avantageux, cette location ou sous-location d'espace reste à un degré zéro de l'esprit collaboratif illustrant la tendance qui nous intéresse dans ce livre. Il s'agit également d'une démarche différente de celle des pépinières d'entrepreneurs à laquelle on peut l'assimiler (par erreur) au premier abord.

D'ailleurs les adeptes du concept ne s'y trompent pas : « libres ensemble », la devise choisie par les fondateurs de La Mutinerie (un espace de *coworking* à Paris), résume à merveille l'esprit du

40 Vidéo « Coworking: how coworking is changing how and where we work » : tv.myturnstone.com (mars 2012).

coworking. Sur leur blog, les « mutins » s'accordent à dire que cette pratique repose sur cinq valeurs centrales qui doivent être inscrites dans l'ADN du mouvement[41] :

1. La durabilité : ou pérennité de l'initiative et de la communauté. Il s'agit de préserver l'utilité de l'espace et de construire des bases solides entre les membres.

2. La communauté : la communauté préexiste à la mise en place de l'espace de *coworking*. Elle partage un ensemble commun de valeurs, d'expériences, de rituels. Il est crucial, pour ceux qui lancent un espace, de s'assurer que les membres viennent échanger sincèrement avec les autres dans cet espace, et qu'ils s'approprient et investissent les lieux à leur image.

3. La coopération : elle est indispensable au succès de l'espace de *coworking*. Les membres y sont « entre pairs », non tenus par une hiérarchie, et peuvent gérer leurs projets librement tout en apprenant des autres. Se croiser régulièrement permet de favoriser la coopération.

4. L'ouverture : elle se traduit avant tout par une posture des membres (prêts à donner et à recevoir), par un état d'esprit « open source » (partage des expériences et d'informations avec d'autres qui peuvent les utiliser par la suite pour leurs propres projets) et par une capacité d'adaptation.

5. L'accessibilité : l'espace de travail est flexible dans son mode de fonctionnement, il s'adapte aux usages des *coworkers*, à leurs besoins, à la flexibilité de leurs horaires, de leurs envies.

Reste à savoir si le mode d'organisation de ces espaces permettra de trouver un juste équilibre entre les besoins de collaboration et les moments d'isolement nécessaires à chacun

41 www.mutinerie.org : ces valeurs ont été définies par les pionniers du mouvement que sont Citizen Space, Indy Hall et le Coworking Group.

pour se concentrer : Internet a l'avantage de nous permettre d'être seuls ensemble, raison pour laquelle il donne naissance à de si belles créations collectives. Mais dans les espaces de travail que nous partageons, il est crucial de ménager l'envie d'être ensemble et la pollinisation des idées avec des temps solitaires propices à la tranquillité et à l'introspection, indispensables à la créativité personnelle[42].

Une chose est sûre : le type d'échanges que l'on peut observer dans les espaces de *coworking* donnent souvent naissance à des projets élaborés en commun, une logique à l'œuvre dans les pratiques de coélaboration.

La coélaboration : quand l'union fait la force

Cette forme d'économie collaborative fait référence aux configurations dans lesquelles des individus se regroupent pour élaborer ensemble un projet.

Le degré zéro de ce type de pratiques peut être illustré par un site web comme Groupon, qui propose aux consommateurs d'accéder à des biens ou des services à des prix avantageux à partir du moment où il y a suffisamment d'acheteurs réunis pour obtenir ce prix. Ce mode de fonctionnement n'est guère collaboratif, car l'achat groupé permet juste d'optimiser l'accès à des ressources en permettant à des consommateurs de « faire masse »

42 Voir en ce sens les analyses de Susan Cain, auteure d'un ouvrage sur le besoin d'introspection dans un monde où nous sommes sursollicités (*Quiet: The Power of Introverts in a World That Can't Stop Talking*) Cf. aussi l'article de *La Tribune* « Et si le travail en groupe tuait la créativité ? » de Sophie Péters le 16 février 2012 ou l'article de Susan Cain « The rise of the new group think » (janvier 2012) www.nytimes.com

pour négocier un deal, un rabais ou une promotion[43].

Pourtant, il est possible d'aller beaucoup plus loin dans ce type de configuration : grouper et rassembler des demandes identiques pour obtenir un avantage marchand est une chose ; coopérer afin de mener à bien un projet en est une autre. C'est pourquoi cette catégorie réunit l'ensemble des initiatives qui sont rendues possibles par le regroupement coordonné d'individus à une fin précise, dans une mobilisation collective. On trouve donc ici des logiques à l'œuvre dans l'économie sociale et solidaire (mouvements associatifs et coopératifs) tout autant que des pratiques issues de collectifs de tailles diverses, formalisés ou non, mais déterminés à servir une cause. Prenons plusieurs exemples pour éclairer notre propos.

L'habitat partagé

En matière d'habitat partagé, la colocation est un principe répandu depuis de nombreuses années. Les locataires se coordonnent pour partager un habitat et un loyer afin de vivre dans un espace plus étendu qu'ils n'auraient pu le faire autrement. Si certains sites internet aident aujourd'hui à trouver des colocataires par affinités[44], le cohabitat étend cet esprit à l'échelle d'un immeuble[45], les éco-quartiers[46] et les éco-villages à l'échelle d'une ville.

Ce type d'initiatives permet de concevoir un lieu de vie en concertation avec ses voisins dans une perspective qui va

43 Certains parlent dans ce cas de figure de *crowdbuying*.

44 www.smoovup.com, www.appartager.com

45 Cf. les projets portés par des sociétés comme Terra Cités ou Coab. Habicoop ou d'autres associations en France (telle H Nord à Bordeaux) portent des projets d'éco-quartiers.

46 Cf. le site eco-quartiers.fr

au-delà des frontières habituelles de la copropriété : ici, le partage de ressources (compost collectif, laverie, crèche de quartiers, conciergerie, etc.) est un objectif à part entière afin de soutenir un idéal de vie durable. Pour Julien Maury, fondateur de Coab[47] : « *S'engager dans le cohabitat, c'est retrouver le "chez nous" manquant !* » On partage donc bien plus que du logement.

Avec la crise, refleurissent aussi des jardins partagés : les citoyens désireux de travailler la terre se regroupent et peuvent être aidés s'ils le souhaitent par les collectivités publiques (à Paris, la cellule Main verte de la Direction des espaces verts et de l'environnement aide les associations en ce sens[48]). Cultiver le sol à plusieurs permet de se recentrer sur des valeurs essentielles de partage et de solidarité, on retrouve une forme d'autonomie tout en entretenant ses liens sociaux. Certaines initiatives proposent même aujourd'hui de mettre en relation des propriétaires de jardins n'ayant pas la main verte ou le temps de jardiner avec des jardiniers sans terres à cultiver[49] : en mettant en commun leurs savoir-faire et leurs avoirs, les deux parties peuvent ensuite convenir de partager les fruits de la récolte, une façon intelligente de valoriser les biens et les acquis de chacun tout en nourrissant la notion de partage à l'échelle locale.

L'alimentation est d'ailleurs l'une des portes d'entrée les plus aisées pour sensibiliser aux enjeux du développement durable. Plusieurs projets élaborés en commun sont nés dans ce domaine.

47 Interviewé dans *Le Nouveau Consommateur* #42, « Le cohabitat, un chez-soi autrement » Voir aussi sur Ecoloinfo.com, « Le cohabitat n'est pas un truc de bab » publié en décembre 2010.

48 Le site www.jardins.wordpress.com donne également beaucoup d'informations sur les jardins partagés.

49 Les sites www.plantezcheznous.com et www.pretersonjardin.com

Alimentation : à la table du partage

Manger est un acte fondamental qui nous rend, de fait, sensibles au contenu de nos assiettes. La multiplication des scandales sanitaires et les différentes problématiques soulevées ces dernières années (Organismes génétiquement modifiés, résidus de pesticides, vache folle, etc.) sont tels que certains consommateurs cherchent à retrouver une autonomie dans la composition de leurs repas. Pour cela, le rapport de confiance avec les producteurs, facilité par des échanges *de visu*, donnent des garanties solides.

La progression du nombre d'Amap[50], ces associations permettant de s'approvisionner en produits locaux via un système de paniers hebdomadaires livrés en direct du producteur au consommateur, donne un premier aperçu de l'évolution des demandes et de la logique collaborative dans le secteur alimentaire. Selon les derniers chiffres réunis par le Mouvement interrégional des Amap (Miramap)[51], il existerait aujourd'hui en France plus de 1200 Amap, soit «*plus de 50 000 familles et près de 200 000 consommateurs – un chiffre d'affaires annuel estimé à 36 millions d'euros*» précise l'association sur son site Internet. La première Amap ayant été créée à Aubagne en avril 2001, il s'agit d'une progression fulgurante ! D'autant plus que les membres sont invités à respecter un certain état d'esprit coopératif et à partager les principes fondateurs de la charte des Amap[52].

50 Associations pour le maintien de l'agriculture paysanne : le principe ayant été inventé au Japon, les «Teikei» visant à «mettre le visage du paysan sur les aliments».

51 Étude «évolution des Amap, maj 05/01/2011» www.miramap.org

52 Charte de 18 principes fondateurs posés à la création d'une Amap.

La livraison de paniers biologiques en points relais[53] connaît aussi un franc succès, tout comme les modèles équivalents développés à l'étranger (les « Community Supported Agriculture » aux États-Unis, au Canada ou au Royaume-Uni ; les Teikei utilisés par 16 millions de Japonais depuis 1993 !).

Dans le même esprit, La Ruche qui dit oui ! propose depuis 2010 des lieux de distribution, des « ruches » auxquelles on peut s'adresser de manière occasionnelle ou régulière pour s'approvisionner en produits alimentaires locaux. « *Le modèle communautaire est une synthèse de ce qu'il faut pour que cela marche, il permet de s'adapter aux coûts et aux marges. Si les gens ne collaborent pas, cela ne marche pas* » explique Guilhem Cheron, à l'origine du projet.

Dans les faits, la logique des ruches est inverse à celle des contrats Amap : ici les commandes se font d'abord de manière occasionnelle, puis plus régulières, avec un cahier des charges plus allégé que celui des Amap.

L'animateur de la ruche est rémunéré et touche un pourcentage des achats effectués par les membres de sa ruche, dont le fonctionnement repose sur des principes très « open source » : n'importe qui peut faire des offres aux ruches, le responsable choisit ensuite s'il diffuse l'offre, qui ne se limite d'ailleurs pas seulement produits alimentaires.

En pariant sur la création d'un réseau d'approvisionnement autonome qui facilite les transactions tout en renouvelant agréablement le principe des coopératives de consommation, La Ruche qui dit oui ! rencontre un succès inespéré.

En alliant souplesse et facilité d'organisation, ces nouveaux

53 Voir le site www.monpanierbio.fr pour trouver un référencement de ces différents services.

Mouvements collaboratifs alimentaires[54] s'adaptent aux aspirations et contraintes quotidiennes de chacun. En offrant la possibilité de se recentrer sur des valeurs essentielles de partage et de solidarité, elles recueillent de plus en plus d'adeptes.

Guère étonnant que l'on retrouve aussi cette tendance dans les nouveaux modes de militantisme.

Un activisme renouvelé par la génération Y

Dans un monde en crise, les modèles de contestation sont aussi en crise, si bien que les modes d'action sont en cours de réinvention. Bienvenue aux modes « d'activisme positif » utilisant la force des réseaux sociaux pour mobiliser les citoyens et les inciter à prendre part à des actions contestataires d'un nouveau genre. Si les *FlashMob* (mobilisations éclair) entendent dénoncer avec esthétique, généralement, un état de fait, les *Carrotmob*, nés en Californie, ont pour objectif d'inciter des commerçants à investir une partie du chiffre d'affaires généré par une journée de mobilisation dans des travaux d'amélioration environnementale de leur boutique.

En France, Le Clan du néon s'est fixé pour mission d'éteindre les lumières abandonnées aux rues vides de nos cités. Quant aux *Parking Days*, ils ont aussi pour objectif de réinventer les places de parking en espaces de convivialité, tout en dénonçant la place inconsidérée accordée à la voiture...

Citons enfin les guérillas jardinières, qui réinventent la ville en redonnant la parole aux espaces verts afin de remettre de la nature dans la ville et de protéger la biodiversité, montrant par

54 Terme utilisé par Ludovic Plisson, designer, auteur du blog www.service-en-plus.com pour qualifier ces mouvements citoyens qui placent les circuits courts et les liens sociaux au cœur de l'alimentation.

là que les graines peuvent germer sur le bitume autant que dans les esprits.

Parce qu'elle est débarrassée de son formalisme et de ses rituels, l'action militante se refonde, comme l'expliquent avec clarté Sébastien Porte et Cyril Cavalié dans leur ouvrage, *Un nouvel art de militer* (éditionsAlternatives) : « *Les nouveaux activistes fonctionnent sans hiérarchie ni chef, de manière transversale et non plus pyramidale, dans une culture du réseau amplifiée par l'usage généralisé d'Internet.* »

Il ne s'agit plus pour ces activistes du XXIe siècle de prendre le pouvoir ou de changer fondamentalement sa nature, mais de créer des zones de contre-pouvoir pour forcer le pouvoir à changer de politique.

Il s'agit en réalité d'une forme d'engagement propre à la génération Y tant les natifs numériques redéfinissent la notion de collectif : leur individualisme est assumé et s'entretient dans une culture du *nous* faite de liens numériques, certes, mais non virtuels. Loin d'être associable, cette génération cultive une solidarité transversale et se sent particulièrement soudée. Ces enfants de la mondialisation, nourris aux mamelles du capitalisme roi, ont vu émerger de nouveaux possibles. Parmi eux, l'émergence d'une économie qui ne sert pas qu'à produire de la richesse monétaire, la remise en cause d'un système mercantile sans profondeur, la possibilité de recréer du lien dans le monde qui nous entoure, de donner une utilité sociale à leur vie professionnelle. Sans négliger toutefois les combats qui les ont ont précédés, les jeunes d'aujourd'hui renouvellent le militantisme de leurs aînés avec les outils modernes à leur disposition[55].

55 Lire à ce sujet le formidable ouvrage de Myriam Levain et Julia Tissier, *La Génération Y par elle-même*, François Bourin éditeur, 2012.

La puissance de la foule

Cette mentalité 2.0 ne s'illustre-t-elle pas à merveille dans la coréalisation de projets en ligne? Wikipedia, Open Office, LibreOffice, Firefox et de nombreuses autres initiatives reposent sur ce type de contributions ouvertes.

Mais au-delà du monde informatique et des logiciels libres, externaliser la réalisation d'un projet ou proposer son cofinancement devient de plus en plus commun. La première illustration de cette logique remonterait à 2007, quand Google et Amazon se mobilisent pour lancer un appel «à la recherche de Steve Fossett». Pas moins de 50 000 contributeurs ont analysé plus d'un million d'images satellites afin de localiser l'aviateur.

Aujourd'hui, on utilise même des jeux graphiques en ligne pour faire avancer la science - tel le jeu «Foldit», qui met les joueurs au défi de prédire les structures des protéines et participer ainsi à la recherche sur les médicaments contre le Vih, la maladie d'Alzheimer ou le cancer.

De nombreux médias ne s'y trompent pas d'ailleurs et font appel à ce type d'externalisation ouverte (*crowdsourcing*) pour recueillir de l'information. En France, un site comme Rue89 et son positionnement (l'information à trois voix) illustre à merveille cette logique. Ce média a notamment participé à la mise en place de la plate-forme de financement participatif (*crowdfunding*) J'aime l'info, lancée en 2011. J'aime l'Info offre aux internautes la possibilité de financer les médias internet qu'ils apprécient - ou un projet de reportage: *Politis* a ainsi réuni en juin 2011 les 2 500 euros nécessaires à un reportage sur les conséquences de l'exploitation du gaz de schiste aux États-Unis et au Canada.

Aujourd'hui, les journalistes peuvent aller sur des sites comme spot.us pour financer leurs investigations, en offrant une approche de l'information qui responsabilise les journalistes, consolide les liens avec les lecteurs, renforce le sentiment d'appartenir à une communauté et garantit une transparence maximum[56]. De la même manière, les sites TousCoProd ou Sponsume permettent aux internautes de miser un euro au minimum sur les films pédagogiques proposés. En échange, on vous propose des contreparties (comme un dîner avec l'équipe, un DVD, un suivi du tournage).

On retrouve la même logique à l'œuvre dans de nombreux autres domaines : le financement participatif facilite la réalisation de projets culturels (KissKissBankBank, Mymajorcompany, etc.), entrepreneuriaux (Dreamshake pour les projets fous dont vous rêvez, Babyloan pour le microcrédit) et humanitaires (Kickstart).

Notons que cette logique n'a pas attendu l'apparition d'internet pour exister: en France, certains projets ont recours au cofinancement dans le secteur de l'agriculture. L'association et fondation Terre de liens, par exemple, allie agriculture biologique et investissement solidaire. Ici encore, l'idée est simple: pour le père fondateur de ce type de démarches, le Néerlandais Sjoerd Wartena, il s'agit de lever les freins à l'installation des agriculteurs – à savoir l'accès au foncier, et la spéculation sur le foncier (qui s'accélère avec le développement du tourisme, des activités de loisirs et de l'urbanisation). En Gironde, le collectif Cata33 a pour sa part opté pour la constitution d'une Sci (Société civile immobilière) afin de financer l'achat de 10 hectares de terres le long de la Dordogne: depuis fin 2008, les Terres du Fougeyra sont ainsi exploitées par un agriculteur bio, qui loue la terre pour 1200 euros par an.

Parmi les autres formes de cofinancement «à la française»,

56 Voir à ce sujet «*Crowdsourcing, crowdfunding*: le journalisme collaboratif enfin mature?» publié en septembre 2010 sur le site du CFPJ www.cfpj.com

on retiendra les Cigales (Club d'investisseurs pour une gestion alternative et locale de l'épargne solidaire), structures de capital risque solidaire qui mobilisent l'épargne de leurs membres au service de la création et du développement de petites entreprises locales et collectives[57]. De cinq à vingt épargnants mettent leurs économies en commun pour soutenir le capital des entreprises en création et passent du temps à échanger avec les fondateurs. Située au carrefour de l'épargne de proximité, de l'épargne éthique et de l'épargne solidaire, les Cigales appartiennent également à cette logique co-élaborative.

Si ces initiatives reposent essentiellement sur l'actionnariat de citoyens implantés localement sans s'appuyer aussi fortement sur une plate-forme web pour gérer le recueil des fonds, le modèle sous-jacent est identique. Cet état d'esprit n'est d'ailleurs pas sans rappeler celui des sociétés coopératives, dont l'esprit revient souvent sur le devant de la scène aujourd'hui, contexte de crise oblige.

Des modèles vraiment nouveaux ?

À bien y réfléchir en effet, se mobiliser et participer ensemble à la mise en œuvre de projets n'a rien de nouveau. Les projets associatifs, mutualistes et coopératifs en sont les meilleurs exemples.

Les premières coopératives de consommation sont apparues à la fin du XVIIIe siècle afin de promouvoir une économie plus sociale. À l'époque, les consommateurs se regroupaient pour acheter en gros des biens de consommation en donnant à chaque membres le droit d'exercer des droits et des devoirs.

57 Sarl, Scop, Scic, Sa, association, etc. Voir plus de détails sur www.cigales.asso.fr

En France, la Camif, ou les magasins Coop[58] illustrent à merveille ces mouvements. Le leitmotiv ? Créer de la valeur pour les consommateurs en défendant un certain cadre éthique (autour des valeurs de volontariat, autonomie, égalité et solidarité), à l'opposé des valeurs véhiculées désormais par le libéralisme (égoïsme, cynisme, mépris de l'autre, conception étriquée de la personne, etc.).

Il s'agit également d'une coopération intrinsèque à l'économie sociale, où des groupements de personnes visent à satisfaire des attentes collectives : des réseaux coopératifs aussi variés que celui des magasins Biocoop, des fournisseurs d'électricité comme Enercoop ou une banque comme le Crédit coopératif (dont la logique reprend celle des coopératives de production) proposent plus que des biens et des services : ils offrent des garanties sur la qualité des produits, les modes de production, le respect de l'être humain et de l'environnement, la garantie d'un prix juste, et au final une autre vision de la société.

En ce sens, la logique n'est pas anticapitaliste, mais a-capitaliste : ces initiatives ne sont pas en opposition au capital, mais dans sa négation, et la personne humaine remplace le capital dans la finalité de l'action collective des hommes.

Pour Jean-François Draperi, spécialiste du mouvement mutualiste et coopératif, ce mode de fonctionnement permet surtout d'assurer la cohérence des sociétés : «*L'entreprise d'économie sociale renoue le lien entre les actifs et le capital. Elle réunit en association des personnes volontaires, chacune disposant d'une voix et d'une seule dans la prise de décision,*

58 cf. le site www.coop-alsace.coop pour voir ce qui perdure encore en Alsace, www.coop-atlantique.fr à Saintes, et www.groupe-coop.coop en Normandie.

indépendamment des différences d'investissement financier. Le bénéfice réalisé n'est pas considéré comme un profit, mais comme un éxcédent de gestion sur lequel l'entreprise constitue des réserves impartageables et inaliénables[59]. »

Aujourd'hui, l'ère du collaboratif donne une autre perspective au déploiement des logiques coopératives. Nous y reviendrons un peu plus loin, mais l'alliance du socle de valeurs formalisées dans l'économie sociale et solidaire avec la souplesse et l'agilité des logiques collaboratives ouvre clairement la voie d'un nouveau paradigme économique et social.

Ce n'est donc pas un hasard si le retour en force des logiques coopératives est accompagné par le retour de logiques de troc.

Le troc : une vie sans argent

Une fois encore, les pratiques réunies sous cette dénomination ne sont pas nouvelles. Elles font même partie des plus anciennes et leur mécanisme est quasi spontané à l'être humain : qui n'a jamais troqué ses billes par exemple ?

Le troc est ce système ancestral par lequel les citoyens échangent des biens et des services en supprimant les échanges monétaires – ou en les substituant par un autre type de monnaie. Précédant le métier de commerçant, il représente le premier modèle d'échange et n'a jamais véritablement disparu : il est encore largement utilisé par les peuples premiers, et connaît des résurgences au sein de sociétés touchées par la crise (en Argentine depuis la crise de 2001) ou par des conflits (cf. les tickets de rationnement pendant la Seconde Guerre mondiale par exemple, ou les trocs de cigarettes ou de bas de femme).

59 Jean-François Draperi, *Rendre possible un autre monde.*

Un tel mécanisme diffère de celui du don : dans une relation de don, ce que l'on donne en retour n'est pas pris en compte, dans un premier temps. Mais il n'y a de relation durable que si le donateur reçoit du doté un retour de valeur équivalente. Ce qu'exprimait fort simplement Marcel Mauss en soulignant que « *ce qui oblige à donner est précisément que donner oblige* ». Dans un échange de troc, la relation est avant tout effectuée pour échanger des biens : l'aspect socialisant de l'échange est possible, mais il n'est pas prioritaire.

Aujourd'hui, la pratique du troc est surtout renouvelée par les modes de communication dont nous disposons et interroge de ce fait les dérives monétaires et financières actuelles.

Les éléments du terreau fertile présentés en introduction donnent aux échanges de trocs une ampleur inégalée : en France, le troc moderne est apparu en 1994 en Ariège avec les Sel, systèmes (ou services) d'échange local, dont l'objectif est de pratiquer l'échange multilatéral de biens, de services, et de savoirs. En janvier 2012, 450 Sel étaient référencés sur le site de référence Sel'idaire[60] : au sein de ces systèmes, c'est l'aspect relationnel qui prime. Raymond, un adepte du Sel de Mars à Marseille, ne cache pas son enthousiasme : « *Les Sel réunissent par les actions, diverses valeurs humaines parmi lesquelles : la générosité, l'humanisme, l'altruisme. Cela permet de consommer autrement au lieu de consommer passivement, cela donne la possibilité de sortir d'un contexte morose, qui faisait perdre à la personne sa dignité*[61]. »

Dans le même esprit, notons aussi l'existence d'une initiative

60 www.selidaire.org

61 « C'est la crise, passez au Sel ! ». Publié sur Ecoloinfo.com, mars 2009.

canadienne, le troc tes trucs[62] dont une déclinaison française a vu le jour récemment à Saint-Vincent-de-Barbeyrargues, dans l'Hérault.

Le développement des monnaies complémentaires et locales, à l'image du Sol Violette à Toulouse, de l'Abeille à Villeneuve-sur-Lot ou de nombreux autres exemples en France et dans le monde témoignent aussi du besoin de réflexion sur la richesse, la production et le partage de ces richesses.

Vive le troc de masse !

Avec la crise de 2008, le troc redevient un mode de consommation à part entière : sur Internet, plusieurs plates-formes (telles TrocTribu, MyRecycleStuff, Digitroc, Gchangetout, France Troc, etc.) permettent aux internautes d'échanger Dvd, Cd, jeux vidéos, livres, mais aussi voitures ou objets plus conséquents.

Le troc marche aussi très bien pour les vêtements (et surtout ceux de marque) : plusieurs sites comme les-bons-plans, pretachanger, vestiairesdecopines ou pretatroquer vous donnent la possibilité soit de participer à des « troc parties », soit d'échanger vos vêtements par Internet. Aux États-Unis, le *New York Times* qualifie de *recessionistas* ces adeptes de la mode et du troc en temps de récession[63]. En France, c'est la crainte de perte de pouvoir d'achat qui incite à troquer, d'autant que les adeptes deviennent aussi friands du lien social renoué lors de ces échanges.

Il est aussi possible d'échanger des biens pour une durée donnée : les sites comme trocmaison, Home for Exchange ou

---

62 www.troctestrucs.qc.ca

63 Article de *Ouest France*, 9 mai 2011, « Les Français pratiquent le troc en stock ».

Guest to Guest permettent aujourd'hui de voyager partout dans le monde en troquant son chez-soi avec celui d'un autre !

En ce sens, l'usage du web permet de contourner certaines limites du troc, notamment la non coïncidence des besoins entre les parties prenantes de l'échange. Ces nouveaux services intègrent également la nature variée d'un échange de troc, selon le type d'éléments échangés, le nombre de participants et le déroulement temporel de l'échange.

L'astuce trouvée par un site comme Guest to Guest, par exemple, est de différer dans le temps, via l'usage de « Guest Points », l'échange de maison : certains usagers peuvent être intéressés par ma maison sans que je sois intéressé par la leur. En les accueillant, je cumule des points qui me permettront d'aller loger dans la maison d'autres membres du site.

Une astuce reprise par un site comme Kiditroc qui donne la possibilité d'échanger des packs d'habits pour enfants en cumulant des points. Je peux ainsi donner mon pack à un usager tout en récupérant le pack d'un autre usager, qui lui-même aura récupéré le pack d'un autre usager du site, etc.

Du troc en toc ?

Cette logique de troc séduit également entreprises et collectivités : la société Castorama a mis au point le site lestrocheures en incitant à l'entraide, au bricolage et à la convivialité. Objectif affiché ? Trouver facilement des « coups de main » pour effectuer des travaux de bricolage, échanger entre particuliers des heures de maçonnerie contre des heures de peinture, de jardinage, de menuiserie, etc. En février 2012, plus de 3 200 personnes étaient inscrites sur le site.

Dans le secteur du sport, la chaîne de magasins Decathlon

a lancé pour sa part le site Trocathlon[64] afin de permettre à ses clients de revendre leur matériel à des internautes intéressés par de l'équipement sportif de qualité à moindre prix. Le magasin s'occupe ici de vérifier l'état du matériel d'occasion revendu par le site, et rémunère le revendeur avec des bons d'achat dans ses magasins. En agissant de la sorte, Decathlon joue le rôle de tiers de confiance dans la qualité du matériel d'occasion ainsi revendu, et fidélise sa clientèle.

Dans une approche plus sociale, citons l'Accorderie[65], une initiative parisienne soutenue par la fondation Macif, dont l'objectif est de lutter contre la pauvreté et l'exclusion sociale en s'appuyant sur l'échange et la coopération dans les quartiers « populaires » . Au sein de l'Accorderie, chaque membre met à la disposition des autres ses compétences et savoir-faire sous la forme d'offres de services. Chaque échange de services est comptabilisé dans une banque de temps, selon le principe « une heure de service rendu vaut une heure de service reçu », quels que soient le service rendu et les compétences exigées.

Ainsi, l'Accorderie ne propose que de l'échange de services et crée des emplois pour accueillir les accordeurs. En février 2012, l'Accorderie du XIXe arrondissement de Paris comptait près de 200 inscrits. À Chambéry, 50 accordeurs étaient déjà inscrits avant l'ouverture de l'Accorderie locale, et de six nouvelles Accorderies devraient ouvrir en 2012.

Si certains voient dans ces initiatives soutenues par des entreprises une tentative de *Brand Equity* ou de *Social Service*

64 www.trocathlon.decathlon.fr

65 www.accorderie.fr

Marketing[66], il demeure qu'elles témoignent de l'importance prise par ces nouveaux types d'échanges[67]. Cela interroge même notre rapport à l'argent, le rôle de la monnaie en tant que lien social quantitatif[68] étant totalement remis en cause par les dérives financières et la démesure de notre société de consommation.

In fine, les échanges observés dans ces logiques de trocs forment un liant social qui nous incite aussi à réfléchir à la façon dont nous vivons ensemble aujourd'hui.

La cohabitation : pour un mieux vivre ensemble

Pour Lisa Gansky, nous avons désormais non seulement la capacité d'être connectés les uns aux autres mais aussi à ce que nous possédons en commun. Ainsi les modes d'échange classés sous l'étiquette « cohabitation » sont pour nous des pratiques qui font appel au bon sens et aux normes informelles de savoir-vivre en société : partager un repas, un bon moment, des connaissances, un trajet, une chambre d'amis, donner des affaires dont on n'a plus l'utilité, etc., sont autant d'ingrédients au service d'une convivialité que nous apprenons à cultiver de nouveau.

Ici, l'approche est gratuite, mue par la seule envie de rencontrer d'autres personnes, de tisser des liens sociaux sans attendre en retour de rétribution financière. Un réseau gratuit

66 Le *Brand Equity* correspond à l'ensemble des attitudes et comportements de consommateurs associés à une marque. Pour plus de détails sur cette analyse « l'argent est mort, vive le troc » www.consocollaborative.com

67 Dans un article de *Time* www.time.com cité par la page Wikipedia dédiée au troc « bartering: have hotel, need haircut », on apprend que plus de 400 000 entreprises ont échangé 10 milliards de dollars au niveau mondial en 2008 – et les officiels s'attendent à voir le volume des échanges commerciaux augmenter de 15 % en 2009 (chiffres de l'International Reciprocal Trade Association).

68 Cartelier, J. 1985.

comme Freecycle offre non seulement la possibilité de donner les objets dont on ne se sert plus, mais aussi de solliciter les membres lorsque l'on a besoin d'un objet ou d'équipement matériel. Les membres ne sont pas obligés de donner quelque chose en échange de ce qu'ils reçoivent : ceux qui donnent se débarrassent de biens qu'ils auraient jetés autrement, ceux qui récupèrent sont heureux de s'équiper gratuitement et de participer au prolongement de la durée de vie des objets ainsi obtenus[69]. D'autres plates-formes proposent des services similaires : on retiendra DonContreDon, LeComptoirDuDon, Recupe.net, Donnons.org, Co-Recyclage.com.

Dans cet état d'esprit on se déplace en empruntant la voiture du voisin (ou on permet à d'autres d'utiliser sa voiture), on pratique le covoiturage gratuitement et on prend un auto-stoppeur. Pour voyager, on utilise le site Couchsurfing, qui permet de loger gratuitement chez l'habitant, avec une envie de partage de rencontres. En janvier 2012, le site dénombrait plus de 3,6 millions d'inscrits répartis dans 250 pays et plus de 84 000 villes[70]. Un concept au succès sans cesse grandissant depuis sa création en 1999, au point de donner des idées à des initiatives similaires en matière de repas : bienvenueamatable.com, par exemple, ambitionne d'être le *couchsurfing* de la cuisine. Dans une approche similaire, le site CoLunching entend réunir des inconnus à l'heure du déjeuner, du brunch ou du dîner. Les utilisateurs sont de plus en plus nombreux (un peu plus de 10 000 inscrits) et les adeptes sont ravis (75 %

69 À noter : les travaux des sociologues Frédérique Giraud et Benoît Ladouceur mettent en avant différents profils d'usagers sur ces plates-formes, distinguant notamment les « maximisateurs » (devenus experts addictifs en matière de récup), des « recycleurs », « récupérateurs », « militants » ou « modérés » www.sociovoce.hypotheses.org

70 www.couchsurfing.org

d'entre eux ont déjà testé le concept en venant participer sur les six derniers mois) : pour Frédéric de Bourguet, le cofondateur du site, « *Le* colunching *est la table d'hôtes version 2.0, le croisement idéal de la colocation et du déjeuner, un mixte de partage et de rencontres inattendues autour d'une bonne table ! C'est le concept du réseau social enfin appliqué au déjeuner !* ». En février 2012, le site était ouvert sur trente-et-un pays.

En matière de voisinage, certains projets favorisent la rencontre et le partage entre voisins et générations. Le site Voisin-Age, créé en 2008 et porté par l'association Les Petits Frères des pauvres[71] entend « *développer les rencontres entre les générations et les solidarités de proximité* ». L'astuce pour cela ? Générer des « *liens simples, légers et souples des amitiés de voisinage* » dans lesquels « *chacun intervient à son rythme, selon ses moyens et ses préférences* » annonce le site qui rassemble 250 personnes âgées voisines et 350 voisineurs essentiellement sur Paris.

La force redonnée ici à la proximité et au local par les outils développés sur le web est évidente, à l'image du projet « *la 7e salle* », dont l'idée est de restaurer l'esprit ciné-club en proposant aux spectateurs regroupés en une communauté géolocalisée de participer à la programmation de leur salle de cinéma. Pour cela, les choix sont effectués en ligne, et un vote détermine quel film sera projeté. Pour Tom Dercourt, président de la société de production Cinéma Defacto, à l'origine du projet, « *c'est l'Internet au service du cinéma indépendant*[72]. » Il s'agit aussi de renverser

71 Association créée en 1946, reconnue d'utilité publique et non confessionnelle, qui œuvre en faveur des personnes âgées en situation d'isolement ou de précarité.

72 Article de *Libération* « La septième salle invoque l'esprit ciné-club » par Clémentine Boulard (août 2011), next.liberation.fr

les usages, et de privilégier la demande dans un marché dominé par l'offre, avec une garantie de fréquentation apportée par l'inscription en ligne.

C'est donc bien la notion de « mieux vivre ensemble » qui est à l'honneur dans cette catégorie d'initiatives, où spontanéité, partage d'expériences, gratuité, bienveillance et respect des autres sont la norme.

Nous le voyons : l'économie collaborative est composée de multiples facettes. Tous les modes de partage et d'échange facilités par le Web 2.0 et le contexte de crises systémiques dans lesquelles nous évoluons ne se valent pas sur l'échelle de la collaboration. Certains services permettent aux usagers de partager sans collaborer alors que d'autres font la promotion de l'esprit social et collaboratif au service du partage. Certaines plates-formes ne font que regrouper les offres d'usagers afin d'offrir des deals intéressants (principe du *crowdbuying*) pendant que d'autres ont véritablement à cœur d'encourager un mode de consommation différent.

Pourquoi ça marche ?

Les exemples cités dans les sections précédentes l'illustrent pleinement : les logiques à l'œuvre dans la consommation collaborative ne sont pas nouvelles, elles sont renouvelées et permettent de réinventer l'avenir. Elles montrent surtout que la mise en place de dispositifs intelligents pousse l'innovation sociale. Comme l'exprime Robin Chase, cofondatrice de ZipCar et à l'origine de BuzzCar en France : « *Les gens mettent en ligne leurs capacités excédentaires. Pour innover, il suffit de regarder ce qu'on peut distribuer d'excédentaire sur une plate-forme commune dématé-*

rialisée. (…) Il y a assurément là une révolution dont les effets sont invisibles, car difficilement mesurables. » Essayons tout de même d'en mesurer les contours.

De jolis mots pour parler de choses nécessaires…

Internet permet de mettre nos excès en accès : comparer les prix, accéder aux biens dont on a besoin quand on en a besoin, valoriser et monétiser nos possessions… autant d'actions rendues possibles grâce à lui. Le web et les technologies mobiles rendent le partage plus efficient : si Internet a toujours relié des acheteurs et des vendeurs, les réseaux sociaux mettent la confiance et les systèmes de réputation à l'honneur. La logique de consommation collaborative est ainsi largement promue en faisant émerger des informations méconnues auparavant (les biens possédés par mon entourage par exemple).

Du partage d'opinions sur les blogs au partage de veille sur Twitter, du partage de photos sur Facebook au partage de lieux sur Foursquare… il n'y avait qu'un pas à franchir pour le partage de biens et de services dans la vie matérielle : notre mentalité 2.0 a été travaillée par des sites pionniers (tels eBay, Craigslist) prouvant que des inconnus pouvent se faire confiance, pendant que Facebook et autres réseaux sociaux modifient nos interactions sociales.

Plusieurs ingrédients assurent en ce sens le succès de plates-formes de consommation collaborative. Parmi les plus importants, la sécurite, la confiance, la pollinisation et le déploiement de masses critiques indispensables à leur fonctionnement. La confiance est d'ailleurs au cœur du capital relationnel accordé aux usagers des plates-formes de consommation collaborative : la réputation d'une personne dépend de la qualité des échanges collaboratifs qu'elle développe au fil de ses interactions et de ses usages. La communauté ne fonctionnera correctement que si elle se sent en confiance.

À l'avenir, plusieurs spécialistes estiment que notre profil d'internaute sera agrémenté d'un score de confiance et d'e-réputation. Pour Ludovic Plisson, designer et auteur du blog Service en Plus, cet aspect sera au centre de nos navigations web à l'avenir : « *Notre univers est de plus en plus intelligent, il voit tout, sait tout. À terme, notre réputation réelle et notre e-réputation ne feront qu'une, et le monde entier saura (presque) tout sur nous.* » Aujourd'hui, certains services (tel TrustCloud.com) se penchent sur cette notion d'e-réputation, en essayant de voir quelles données agréger, et sur quelles bases, pour donner un aperçu du sérieux d'un profil[73].

En attendant, une étude effectuée en octobre 2011 par l'Ifop pour CitizenCar montre que les Français sont naturellement enclins à la confiance et au partage : 61 % des sondés associent la notion de confiance à la sincérité et 52 % à la loyauté, deux valeurs exigées sans concession – la trahison et le mensonge étant des cas universels de rupture de confiance (96 % des personnes interrogées). « *Bienvenue, donc, dans l'ère de la confiance active* », s'enthousiasme Nicolas Le Douarec, cofondateur de CitizenCar[74].

Pour cela, le web social est fort adapté. Si 84 % des Français estiment la confiance indissociable d'une prise de risque individuelle, 89 % la voient comme vecteur de rassemblement. La confiance est nécessaire pour vivre en société, elle se construit

73 À ce sujet, voir cet article « Aggregation, not algorithms is the key to building trust online » www.shareable.net par Juho Makkohen (octobre 2011).

74 Article « Le Douarec : bienvenue dans l'ère de la confiance active » par Antonin Léonard (octobre 2011) www.consocollaborative.com et « 65 millions de Français, la confiance et moi et moi » (octobre 2011). www.revolution.cityzencar.com

dans la durée, repose sur un partage profond de valeurs et sur une pratique d'expériences, au sein du réseau de relations personnelles affinitaires.

Autant d'éléments sur lesquels les systèmes de réputation des réseaux sociaux apportent des garanties, surtout lorsqu'ils s'accompagnent de systèmes de punition: comme partout, les sites de consommation collaborative ne sont pas à l'abri de déconvenues. Si les communautés s'autorégulent en mettant de côté ou en éliminant les membres indignes de confiance, il demeure qu'une instance doit aussi réguler les interactions « nocives » à la communauté[75].

Ce déploiement de la confiance entre particuliers exprime bien la défiance généralisée à l'égard des institutions : toujours selon l'étude de CitizenCar, près des trois quarts des usagers interviewés (72%) estiment que la confiance n'est pas une notion collectivement partagée dans la société et 79% des Français considèrent que la confiance est une valeur qui recule dans notre société. Seul 1% des personnes interrogées font «tout à fait confiance» aux hommes politiques et aux entreprises en général. Ces mêmes entreprises n'inspirent «pas du tout confiance» à 8% des Français. En revanche, 98% s'estiment plutôt dignes de confiance... témoignant ainsi même de la façon dont, bien ordonnée, la consommation peut largement se partager et devenir collaborative.

75 Pour AirBnB, le problème a été soulevé suite à l'histoire d'une utilisatrice qui a vu son appartement saccagé à son retour. Cela a joué contre leur réputation. Depuis, AirBnB a mis en place des garanties (à hauteur de 50,000$), et propose un numéro spécial qui permet d'accompagner les loueurs dans la mise en place de garanties contre le vol, etc.

Une possibilité qui n'était pas envisageable il y a dix ans encore !

Dans les années 2000, quelques initiatives de location entre particuliers ont vu le jour, mais sans succès : à l'époque, l'usage d'internet n'était pas aussi répandu et les internautes n'étaient pas prêts pour ce type de consommation. Aujourd'hui, les mentalités sont aptes au partage, et la crise économique nous incite à consommer autrement pour maintenir un confort de vie.

Il s'agit pour certains d'un véritable style de vie : remettre en cause la propriété individuelle en valorisant l'usage des choses place notre consommation dans une sphère plus immatérielle. Tout se passe, à travers les réseaux sociaux, comme si les internautes se partageaient eux-mêmes. La consommation collaborative serait donc un prolongement de cette logique.

Une étude réalisée par le magazine américain *Shareable* montre que des expériences de partage en ligne motivent le partage matériel. Une fois la première expérience effectuée, les réflexes s'installent rapidement[76] et rendent les gens plus heureux.

Pour les adeptes de l'économie du partage, « *la consommation collaborative serait à la consommation ce qu'Internet a été à l'information : la possibilité offerte à leurs utilisateurs de devenir acteurs de leur environnement*[77]. »

76 Étude réalisée par le magazine américain *Shareable* et l'agence Latitude en 2011. Le fait de partager sa voiture incite ensuite à partager de bien nombreuses autres choses, indique notamment l'étude de *Shareable*/Latitude. 75 % des participants à l'enquête affirment également que leur partage va s'accroître dans les années à venir. L'étude indique aussi que 8 Anglais sur 10 sont heureux lorsqu'ils partagent. Article « Study reveals big opportunities in the Sharing Economy » par Kim Gaskins (octobre 2010) et « 8 out of 10 people say sharing makes them happy » par Kelly Mc Cartney (février 2011). www.shareable.net

77 Interview de Paulin Demanthon, fondateur de Voiturelib, « La consommation collaborative, de l'optimisation économique avant tout » par Antonin Léonard (novembre 2010). www.consocollaborative.com

Est-ce là un effet de génération pour autant? Les avis sont partagés: les jeunes générations sont plus attirées par la mobilité numérique, et n'ont donc pas le même intérêt que leurs aînés pour l'acquisition d'une voiture[78]. Le vecteur de liberté dont ils ont besoin pour s'émanciper ne serait donc plus le même: les plus jeunes profitent pleinement des technologies numériques portables qui leur fournissent un moyen alternatif d'expression personnelle moins coûteux et bien plus puissant[79]! Pour Rachel Botsman, les natifs numériques ont grandi dans un monde collaboratif: pour eux, le partage est une seconde nature. Mais les plus âgés s'adaptent aussi et les évolutions actuelles, si elles s'accélèrent, seront tout aussi durables car fortement nourries par le terreau fertile sur lequel elles s'enracinent. En ce sens, la spécialiste australienne du sujet ne voit pas ici de logique générationnelle: les plus âgés peuvent s'adapter à l'ouverture, l'interaction et la collaboration.

Les entreprises au rendez-vous du «co»

Toute cette logique collaborative est en train de faire son entrée tonitruante au cœur de la réflexion stratégique des entreprises. En effet, l'enjeu pour elles est de s'adapter à l'influence exponentielle du P2P[80], d'intégrer les logiques de marketing communautaire («par le bas[81]») et comprendre que la valeur se trouve aujourd'hui dans autre chose que l'argent. Grâce aux réseaux sociaux les

70 À ce sujet, voir cet article sur une étude réalisée par ZipCar, aux États-Unis «The rise of the sharing economy» par Emily Badger (décembre 2011). www.theatlanticcities.com

79 Rapport du GWL Realty Advisors à Toronto, «Drivers of apartment living in Canada for the Twenty First Century», p. 8. www.gwlrealtyadvisors.com

80 Approche « pair à pair », définie dans le lexico en début d'ouvrage.

81 Bottom Up (à la différence des approches Top Down).

internautes-consommateurs ont la possibilité de maîtriser l'image des marques, les obligeant à repositionner leur identité en fonction des logiques collaboratives.

De la même manière, les consommateurs collaboratifs vont inciter peu à peu les entreprises à revoir leurs modèles économiques. Aux entreprises donc d'être à l'écoute pour comprendre comment orchestrer l'usage des communautés et intégrer l'esprit du « nous[82] ».

En France, certaines expériences sont effectuées en ce sens. En octobre 2011 à Paris, le BHV organisait un « vide-dressing du Bazar » : les passionnés de mode avaient la possibilité, ce jour-là, de s'installer dans des espaces réservés du magasin pour échanger les tenues et accessoires qu'ils ne portent plus. Incités à raconter « l'histoire » des articles mis en vente, ils recevaient des bons d'achat du magasin d'un montant équivalant à leur vente. Une initiative qui montre à quel point les grands magasins peuvent modifier leurs ambitions en devenant des lieux d'échanges attractifs autant que des lieux de transactions[83].

Dans une logique plus durable encore et pertinente sur l'engagement responsable de sa démarche, Patagonia (spécialiste des vêtements « outdoor ») s'est allié au site Ebay dans son projet « Common Thread Initiative ». L'objectif ? Inciter les clients de la marque à revendre les produits dont ils ne se servent plus[84].

En France, depuis un an, le magasin Ikea de Strasbourg propose à ses clients de ramener leurs vieilles étagères en magasin

82 « We based brand », en anglais. Cf. cet article de Neal Gorenflo « The new sharing economy » http://shareable.net

83 Le client acteur, 21 novembre 2011 sur www.oeilbylaser.com

84 Article «Inside the partnership Patagonia/Ebay » par Annie Lescroart (novembre 2011). green.ebay.com

contre un bon d'achat valable pour un produit neuf[85]. Une façon d'agréger des consommateurs éco-conscients, et générer un sentiment d'appartenance et une conscience du « nous » engagée.

La meilleure preuve du succès de la consommation collaborative reste clairement l'engouement des investisseurs. Décembre 2010 : Zipcar a levé 21 millions de dollars afin d'étendre ses services en Europe ; en juin 2011, c'est AirBnB qui a levé 112 millions de dollars et Google s'intéresse à l'autopartage entre particuliers en soutenant RelayRides.

Pour Ron Conway, investisseur bien connu des Américains, la consommation collaborative est une tendance de fond comparable à celle des réseaux sociaux et de la diffusion des données en temps réel. Plusieurs fonds comme Shasta, Menlo, ou Redpoint considèrent depuis l'investissement dans le secteur comme un investissement sécurisé.

En France, La Ruche qui dit oui ! bénéficie du soutien de Kima Ventures (fond d'investissement de Xavier Niel, fondateur de Free) et aux États-Unis, Craig Shapiro a créé le Collaborative Fund (6 millions de dollars) afin de soutenir les jeunes pousses du web faisant le pari de la consommation collaborative. Pour lui, les technologies mobiles ont placé l'échange et le partage de tout type d'actifs à une échelle qui n'aurait jamais été envisageable auparavant. Loin d'être une tendance de niche, il est convaincu qu'il s'agit d'une nouvelle culture et d'une économie novatrice qui va s'imposer à l'avenir[86].

---

85 Julie Chauveau, « La Toile permet d'inventer une nouvelle économie du partage », *Les Échos* du 5 octobre 2011.

86 « *Collaborative consumption is not a niche trend but a new culture and economys. It is slowly becoming mainstream.* » dans l'article « Want to rent out that spare room? The growing popularity of collaborative consumption » (août 2011). knowledge.wharton.upenn.edu

Encore quelques chiffres ? Fin 2011, le site Entrepreneur.com estimait le marché de la location de matériel à 85 milliards de dollars, celui de la location d'espace (AirBnB, Couchsurfing) à 80 milliards et le covoiturage à 117 milliards[87]. Et la tendance ne va pas faiblir. En Amérique du Nord, le marché de l'autopartage (représenté par des enseignes comme Zipcar ou Getaround) devrait atteindre 1,4 million de membres en 2012, contre 600 000 en 2011 et 5 milliards de prêts entre particuliers devraient être atteints en 2013[88].

Au Royaume-Uni, l'économie du partage représenterait 1,3 % du PIB et devrait progresser de 15 % dans les cinq prochaines années. La fondatrice britannique de The People Who Share, Benita Matofska, travaille d'ailleurs à la mise en place d'un standard *ShareTrade* équivalant à celui du commerce équitable (*FairTrade*) afin de qualifier les entreprises qui mettent le partage au cœur de leur activité[89].

C'est dire à quel point l'esprit de l'économie du partage se propage actuellement.

Vers une économie plus durable

Réjouissons-nous : dans ce contexte économique émergeant, cette évolution de nos modes de consommation sert le développement d'une économie de la fonctionnalité – et d'une économie, de fait, plus durable.

Ce nouveau paradigme émerge alors que certains estiment

87 « 10 hot startup sectors for new business ideas in 2012 ». www.entrepreneur.com/slideshow/220748

88 Pour d'autres chiffres sur les perspectives d'investissement, lire cet article : « Collaborative funding skyrocketed in 2011, will 2012 top it? » par Beth Buczynski (février 2012). www.shareable.net

89 www.2degreesnetwork.com

que nous venons d'atteindre un « pic des objets[90] », dans un contexte de crise qui remet en cause notre société d'hyperconsommation, la raréfaction des ressources et les tonnes de déchets que nous générons tous les jours. L'observation de ce nouveau paradigme est éclairante sur plusieurs points.

Une économie plus fonctionnelle

En interrogeant nos usages, la consommation collaborative remet du sens dans l'allocation des ressources. Parce qu'elle révèle le véritable potentiel d'exploitation (et le gâchis d'utilisation) des objets, elle en décuple la circulation, en démultiplie la jouissance et met donc les possessions de chacun en réseau. Elle nous permet aussi de préciser et affiner nos besoins, nous offrant par là même une multitude de possibilités et un pouvoir décisionnaire plus important dans nos choix de vie.

Cette évolution accélère la progression de l'économie de la fonctionnalité, où la création de richesse, la production de valeur et la génération de revenus sont dissociées de la consommation de ressources. Cette logique de « servicisation » (ou de dématérialisation) de l'économie a des impacts sur les modèles de rémunération (les producteurs deviennent des prestataires de service),

90 Cette théorie du « peak stuff » (à l'image du « peak oil ») a été développée par l'écologiste britannique Chris Goodall dont les observations statistiques prouvent que notre consommation de biens matériels est en baisse : entre 2000 et 2010, la Grande-Bretagne a consommé moins de matériaux de construction (- 4 % entre 2000 et 2007), moins d'eau, de papier (- 18 %), de nourriture (surtout de viande), moins de voitures et de trajets, moins de textiles ou encore d'engrais. La production d'énergie primaire a aussi suivi la même tendance à la baisse (- 3 %). La quantitié de déchets générés est aussi en baisse, alors que le Pib et la population continuent de croître. Pour plus de détails, lire l'article de Mickael J. Coren sur fastcoexist.com « Have we reached peak stuff ? ».

sur la commercialisation des unités fonctionnelles des biens, et sur l'optimisation de leur usage[91].

Les entreprises sont donc obligées de revoir leur logique de production en anticipant leurs sources de revenus: le chiffre d'affaires ne dépend plus de la vente d'un produit mais de la commercialisation d'unité fonctionnelle d'un même produit. Dès lors, l'entreprise a tout intérêt à améliorer la durée de vie de son actif serviciel: devenu immobilisation comptable, il est soumis à des amortissements qu'il est intéressant de prolonger pour maximiser les bénéfices.

Cette logique pousse aussi l'entreprise à éco-concevoir sa production afin d'accroître ses marges. Économie circulaire et éco-conception sont donc appelées, de fait, à se développer, servant par là même une économie plus durable.

On comprend aisément pourquoi Jeremy Rifkin, apôtre de la Troisième Révolution industrielle, estime que la transformation radicale du rôle de la propriété aura des conséquences fondamentales pour notre société. Le « pouvoir latéral » promeut une propriété qui n'est plus à la mesure de l'homme, mais à la mesure des biens communs: «*Dans une économie distribuée et coopérative, le droit d'accéder aux réseaux sociaux mondiaux devient aussi important que celui de posséder une propriété privée sur un marché national. Le droit d'accès à Internet devient donc une puissante forme de propriété nouvelle dans un monde interconnecté*» souligne-t-il avec justesse[92].

91 À ce sujet, lire l'excellent travail de thèse de Thibault Lesueur: «Comment piloter le changement de business model vers une stratégie de performance durable?», septembre 2011.

92 In: *La Troisième Révolution industrielle* (2012), Jeremy Rifkin.

Nous entrons donc bien dans une économie de la relation et de la contribution.

Une économie du je-nous

L'économie collaborative est profondément humaine : en démocratisant colocation, covoiturage, *coworking*, *couchsurfing*, *colunching*, et autres « co »... elle réinvente la société du partage et améliore le vivre ensemble. En s'allégeant d'une accumulation matérielle, les usagers s'enrichissent du rapport à l'autre et interrogent indirectement les échanges marchands : lorsque j'achète un bien, je règle ma dette envers l'autre à qui je l'achète, générant ainsi une relation qui abolit la relation car je ne dois alors plus rien à personne[93]. Lorsque je donne, en revanche, je crée un autre type de relation, je souligne ma dépendance aux autres et me lie socialement à eux. La logique de don s'intègre à merveille dans les outils développés par le web2.0 : les blogs, les forums, les médias sociaux, les sites de partage de musique, les navigateurs web, ont été conçus dans une logique de partage, de pollinisation et de convivialité[94].

Coopération, transparence, décentralisation, flexibilité, redondance et efficience sont autant de dimensions conviviales que nous retrouvons dans le Web 2.0[95] ; autant de dimensions qui font marcher cette économie du je-nous.

---

93 Comme l'explique Frédéric Laupiès dans sa *Leçon philosophique sur l'échange*, l'échange marchand « *est en quelque sorte une relation qui abolit la relation : il efface le lien à l'autre, renvoyant chacun dans son indépendance* ».

94 Voir à ce sujet cet article de William Van Den Broek, cofondateur de La Mutinerie, « L'échange, le don et le lien social » : www.mutinerie.org

95 À ce sujet, voir la théorie de Kevin Kelly et son concept de Technium : article sur www.treehugger.com ainsi que son livre, *What Technology Wants*. Thanh Nghiem explique également à quel point les préceptes du libre accès au code source, liberté de le modifier, de distribuer des copies, transparence des modifications, conservation de l'historique, principe d'abondance, etc., servent le développement durable.

Ce nouveau modèle réconcilie l'être soi et l'être ensemble, au point que les spécialistes des tendances de consommation parlent désormais de « Societing[96]. » La consommation collaborative dépasse l'idée de système D : les consommateurs qui adoptent ces nouveaux modes d'échange et de partage font rarement marche arrière par la suite. L'hyperconsommation laisse peu à peu place à la « co-sommation relationnelle » !

Les acteurs de l'économie collaborative témoignent d'ailleurs du plaisir du lien retrouvé : pour Ghuilem Cheron, « *de la crise naît la nécessité de s'assembler, et de cette nécessité naît le plaisir de s'assembler. La communauté d'intérêt devient une communauté de liens* ».

Pour certains spécialistes, tel Antonin Léonard, cette mentalité nous poussera, à terme, à devenir des micro-entrepreneurs de compétences et de possessions : la « consommation ostentatoire » définie par Thorsten Veblen ne serait donc plus à terme dans la consommation de produits de luxe, mais dans l'affichage d'une réputation et d'un capital confiance et relationnel hors pair – illustrant ainsi à quel point l'argent et la finance sont devenus inadéquats dans l'articulation de la valeur sociale : les gens savent toujours être heureux, créatifs et productifs au sein de leurs communautés.

L'essentiel se construira donc dans les liens, et non plus dans les biens, dans une approche similaire à celle de la société conviviale imaginée dans les années 1970 par Ivan Illich. Le père de l'écologie politique dénonçait à l'époque l'existence de

---

96 Voir l'article « Partage & Co » d'Amelle Nebia pour *Marketing Magazine* n°153 - 01/11/2011 – www.e-marketing.fr et le rapport « Sortie de crise : vers l'émergence de nouveaux modèles de croissance » publié en 2009 par le Centre d'analyse stratégique.

monopoles « radicaux » comme la voiture, par exemple, imposée à nous comme mode de transport principal : « *Quand une industrie s'arroge le droit de satisfaire, seule, un besoin élémentaire, jusque-là l'objet d'une réponse individuelle, elle produit un tel monopole. La consommation obligatoire d'un bien qui consomme beaucoup d'énergie (le transport motorisé) restreint les conditions de jouissance d'une valeur d'usage surabondante (la capacité innée de transit)* », expliquait-il, en précurseur dès 1975[97].

Quid des bénéfices environnementaux ?

Si toutes les pratiques écologiques et alternatives n'entrent pas dans la consommation collaborative, la généralisation de ce mode de vie est prometteuse car elle ne demande pas nécessairement d'effort supplémentaire de la part de ses adeptes. Ces derniers sont avant tout attirés par les gains financiers de ces nouveaux modes d'échange ; viennent ensuite l'impact social, conséquence positive des échanges directs entre consommateurs puis les bénéfices environnementaux. La diminution des déchets, la réduction des émissions de carbone et la démocratisation de l'accès ne sont pas les premiers cités par les utilisateurs. Pourtant, 75 % des britanniques pensent que le partage est bon pour l'environnement, et 60 % des consommateurs collaboratifs américains font un lien direct entre le partage et le développement durable[98].

Malheureusement, peu de travaux se sont attelés encore à l'estimation réelle des effets de la consommation collaborative sur l'environnement. Certains membres du collectif OuiShare, en France, réfléchissent à cette question en soulignant que les

97 Ivan Illich, *Énergie et équité*, 1975.
98 Étude *Shareable* / Latitude déjà citée plus haut.

liens de cause à effet ne sont peut-être pas si évidents[99]. Pour garantir l'efficience environnementale d'un objet dont l'usage est mutualisé, il est nécessaire de s'assurer de la qualité de l'objet en question et de la capacité de résistance face à une obsolescence programmée de plus en plus tôt. Cela implique que les fabricants, à l'image du fabricant de moquettes Interface, conçoivent des systèmes en économie fermée dans lesquels l'entreprise est redevable de la qualité de ce qui est proposé.

Pour l'instant, les économies environnementales de la consommation collaborative sont essentiellement estimées dans le secteur de la mobilité : en France, covoiturage.fr estime avoir économisé l'émission de 180 000 tonnes de CO_2 en 2010.

En ce qui concerne l'autopartage, les services de seconde génération (entre particuliers) reposent sur une flotte de véhicules existants (à l'inverse des services de première génération pour lesquels il a été nécessaire d'acquérir les véhicules) et réduisent ainsi le nombre de véhicules en circulation. Une étude effectuée par l'Université de Berkeley[100], en Californie, auprès de 9 500 personnes qui partagent leurs voitures au Canada ou aux États-Unis met en évidence deux logiques : on observe en effet une augmentation des émissions de CO_2 pour les ménages qui accèdent à un véhicule pour la première fois via ce service, mais elle est compensée par la réduction des émissions des ménages qui limitent, *a contrario*, l'usage de leur propre voiture - qui à terme délaissent la possession de leur véhicule.

Autant dire que l'impact environnemental est intuitivement

99 Au sein de OuiShare, un groupe de travail mené par Flore Berlingen et Léo Benichou suit de près les impacts environnementaux de la consommation collaborative.

100 http://tsrc.berkeley.edu/node/13

consensuel, mais scientifiquement impossible à quantifier. Néanmoins, une étude sérieuse réalisée par Eliot Martin et Susan Shaheen sur un panel de 6 200 adeptes de l'autopartage classique estime que neuf à treize véhicules restent au repos pour une voiture utilisée dans la flotte proposée par l'autopartage. Sur cet ensemble, quatre à six voitures ont directement été abandonnées par les ménages ayant rejoint le service. Le reste a été évité grâce à l'abonnement au service[101].

Dans les autres secteurs (alimentation, tourisme, habillement, finances) les effets doivent être évalués au cas par cas. Si le fait d'acheter d'occasion ou de troquer permet de s'équiper à moindre coût, cela permet aussi de ne pas acheter de nouveaux produits et limite les déchets générés. Sachant que chaque citoyen de l'Union européenne consomme chaque année seize tonnes de ressources (dont six sont gaspillées, la moitié prenant la direction des décharges[102]), les logiques de consommation collaborative permettraient en se diffusant plus largement de réduire cet impact.

Comme le soulignent les réflexions menées par OuiShare, pour avoir une vision claire de l'impact social et environnemental de ces nouveaux modes de consommation, il serait utile d'approfondir les recherches sur la durabilité des biens dont la vie est prolongée, évaluer les effets rebonds (acheter d'occasion ou louer permet d'économiser d'un côté tout dépensant plus de l'autre), sans parler des effets sociaux (diminuer la consommation de biens pourrait à terme avoir des conséquences sur certains pans de l'économie).

---

101 Article « Car sharing, antidote to ghg émissions in North America » par Beth Buczynski (17 janvier 2012). www.shareable.net

102 Selon les chiffres fournis en 2011 par le commissaire européen chargé de l'Environnement, Janez Potocnik dans un article publié dans *Les Échos:* « La toile permet une nouvelle économie du partage » (5 octobre 2011). archives.lesechos.fr

Des coups de pouce verts

À bien y réfléchir, certains services de consommation collaborative pourraient être assimilés à des « nudges verts » (coups de pouce environnementaux[103]). Le « nudge » est un terme utilisé par l'économie comportementale et conceptualisé par Thaler et Sunstein[104] pour qualifier les options par défaut, les incitations (notamment financières), les mécanismes de *feedback*, les effets d'entraînement sociaux qui pèsent sur nos décisions tout en nous laissant libres de choisir.

En analysant les biais comportementaux (choix par défaut, aversion aux pertes), il est possible de favoriser certains choix, plus sains et plus durables. Thaler et Sunstein ont retenu le terme savant de « paternalisme libertarien » pour désigner cette doctrine, qu'ils définissent comme « *une version relativement modérée, souple et non envahissante de paternalisme, qui n'interdit rien et ne restreint les options de personne ; une approche philosophique de la gouvernance, publique ou privée, qui vise à aider les hommes à prendre des décisions qui améliorent leur vie sans attenter à la liberté des autres* ».

Il s'agit d'une troisième voie oxymorique qui cherche à guider les gens pour leur bien en termes de protection environnementale, de santé et d'éducation, tout en essayant de limiter les contraintes, obligations et interdictions gouvernementales auxquelles les nudges viennent se substituer.

Leur approche permet de réintroduire de l'irrationalité humaine dans l'économie et de considérer plus largement l'impact

103 *« Nudges verts » : de nouvelles incitations pour des comportements écologiques* (mars 2011), Olivier Oullier et Sarah Sauneron, département Questions sociales, Centre d'analyse stratégique.

104 Thaler R. et Sunstein C. (2010), *Nudge, la méthode douce pour inspirer la bonne décision*, Vuibert.

des normes sociales sur le comportement des individus : quand on fournit une information sur le comportement des autres, on sait que cela incite à suivre, par mimétisme, les bonnes pratiques. La même logique veut que lorsqu'un comportement négatif est adopté à large échelle, il devienne une norme sociale (« Ok je pirate sur Internet, mais comme tout le monde le fait… »). La propension à faire une mauvaise action serait ainsi nuancée par le nombre de personnes qui la font.

L'économie collaborative défie aussi la pensée des économistes classiques : la présence de passagers clandestins (des utilisateurs au comportement prédateur ou malveillant) profitant de la naïveté de leurs pairs pour bénéficier gratuitement de l'apport des autres signerait, pour eux, la fin de ces systèmes. On l'a vu : les générations actuelles partagent naturellement, contribuer au bien-être de tous ne leur enlève rien, estiment-elles, aspirant à une vie moins nocive pour la planète[105]. C'est pourquoi « *Facebook et Wikipedia défient le fondement même de l'économique classique : non, les humains ne sont pas des créatures intéressées toujours en quête d'autonomie !* » affirme ainsi Jeremy Rifkin[106].

La pollinisation des réseaux sociaux, associée aux valeurs du développement durable et à la logique de la consommation collaborative, nous permet aujourd'hui d'imaginer des nudges verts à large échelle : en optimisant les aspects économiques de la consommation collaborative, et après avoir effectué des études comparatives d'impacts environnementaux de services de consommation collaborative et de consom-

105 Jeremy Rifkin, dans une interview accordée à *Télérama* (25 mai 2011) : « Sortir de l'égoïsme pour sauver la planète ». www.telerama.fr

106 Op cit, *La Troisième Révolution industrielle*, Jeremy Rifkin.

mation traditionnelle, on pourra imaginer des architectures de choix incitant les usagers à agir plus durablement. Il s'agira alors d'orienter les citoyens avec des choix par défaut durables (en économisant les coûts cognitifs de traitement de l'information), ou avec des formulations interpellant leur aversion aux pertes (du type « quand votre voiture dort au garage, vous perdez X euros par jour », « votre propriété fait société : partagez-la pour éviter de perdre XX euros par mois »)[107].

Vers une ville collaborative

Il est légitime d'imaginer que ces changements d'habitudes auront à terme des effets sur la ville de demain. Une mobilité partagée incite à revoir l'aménagement du territoire, à considérer l'espace attribué aux places de parking, à imaginer les centres d'intermodalités et les *hubs* (plates-formes) de mobilité. Limiter ses déplacements, les optimiser en utilisant les modes de transport collectifs, suivre en temps réel des flux de circulation, sont autant de paramètres à envisager pour intégrer cette révolution[108] ! La ville collaborative optimise l'utilisation des capacités dormantes, raccourcit les circuits économiques, renouvelle la gestion des biens communs : en ce sens, elle peut initier « *un mouvement vers une repolitisation de la société et une implication citoyenne plus forte dans la vie de la Cité* », explique Émile Hooge sur son blog, La Ville Liquide[109].

107 Les travaux de Robert Cialdini sur les mécanismes de persuasion sont fort instructifs à cet égard.

108 À ce sujet, lire Bruno Marzloff et Daniel Kaplan « Pour une mobilité plus libre et plus durable » (Fing et éditions Fyp).

109 Article de E. Hooge (septembre 2011) : « Ne dites pas à ma mère que je fais de prospective urbaine, elle croit que je joue au Lego ». www.villeliquide.com

Cette implication citoyenne, nous y reviendrons, est déjà déployée à petite échelle dans les démarches d'Agenda21 et les politiques de concertation développées par les collectivités. Un exemple mérite néanmoins d'être cité pour son caractère unique en France: celui mené par Movilab[110] à Loos-en-Gohelle, une commune de 7500 habitants située à côté de Lens, au cœur du bassin minier. La commune connaît une situation économique et sociale désastreuse: 50% de Rmistes, 20% de chômeurs, des personnes mourant encore de la silicose du mineur, une ville qui s'enfonce dans certaines rues de 15 mètres à cause des 200 km de galeries sous terre laissées à l'abandon[111]. Le maire a décidé, après un voyage d'études effectué à Bedzed[112] en 2004, de transformer sa ville en «ville pilote d'interprétation du développement durable» en insistant sur la participation des habitants dans la vie de la commune.

Ces derniers, ainsi que les réseaux apprenants (tissu associatif, chercheurs, comités scientifiques, entrepreneurs, artistes et designers venus d'ailleurs pour s'inspirer de ce qui se faisait dans la ville, sous leurs yeux), se sont approprié l'évolution de la ville grâce à une pollinisation des idées et une dynamique d'intelligence collective conçus pour se rapprocher des principes de l'open source.

110 Laboratoire de modes de vie durables *in vivo* qui met en pratique la combinaison du «libre et durable», Movilab s'appuie sur l'innovation sociétale «que l'on voit en pratique dans les tiers lieux (FabLabs, espaces de coworking ou EPN) ou dans les modèles collaboratifs sur Internet et dans la vie courante, tout en leur donnant un but qui est la conversion vers des modes de vie durables par l'expérimentation et l'exemple»: Movilab explore l'émergence d'un nouveau paradigme, autour du *partage* et de la *production de biens communs en open source*, constitutifs d'une alternative à notre modèle de société http://movilab.eu

111 Article «Loos-en-Gohelle, après la mine l'odyssée du XXIe siècle» par Thanh Nghiem (novembre 2011). www.movilab.eu

112 Quartier de Londres réputé pour ses innovations écologiques.

Depuis, la stratégie « Ville pilote d'interprétation » a fait ses preuves et bénéficie de financements importants pour sa capacité d'exploration et de mise en démonstration des modes de vie durables (bâtiments durables, énergie, transports doux, jardins partagés, pépinière d'éco-entreprises, culture et action sociale, centre de recherches sur le durable, calcul d'empreinte écologique, indicateurs de bien-être, et surtout participation des habitants).

En ce sens, la démarche lancée par Movilab est un mélange entre un Wikipedia qui donne les connaissances à tout le monde et un Lego où chacun peut utiliser les briques qui lui plaisent. L'individu devient ainsi un acteur de sa propre vie, et ne se sent plus découragé par l'ampleur de la tâche à accomplir. Saint-Étienne et Brest devraient bientôt entrer dans des processus identiques de changement avec Movilab.

À terme, tout porte à croire que les logiques collaboratives vont promouvoir un autre type de dynamique urbaine : les villes ne seront plus vues comme des lieux intimidants, mais comme des places d'innovation avec une idée renouvelée du bien-être où les citoyens se définissent moins par ce qu'ils possèdent que par les expériences qu'ils font[113]. D'autant que les valeurs de créativité, transparence, responsabilité et confiance interrogent le développement des sociétés : tout comme le désir de relocalisation de nos consommations progresse en France en témoignant d'un besoin de retrouver des garanties, la progression du capital social

113 En ce sens, nous pouvons parler à terme de « co-city » comme le suggère Alfons Cornella dans un article paru sur le site www.co-society.com, « Towards the co-city » : le futur, pour lui, est une ville où la collaboration existe entre une ville intelligente par ses infrastructures et par les liens créés entre ses habitants.

permet d'envisager le redéploiement efficace de la confiance individuelle à la confiance sociétale.
Avant cela, néanmoins, la consommation collaborative devra prendre le temps de contourner certains petits obstacles.

Quelques précautions d'usage

Loin de limiter l'engouement pour ces nouveaux modèles, certaines questions techniques, juridiques et sociales posées par la consommation collaborative soulignent les écueils possibles et incitent à mieux les prendre en considération pour ne pas gêner son déploiement futur.

Les défis de la consommation collaborative

En premier lieu, la consommation collaborative a encore besoin de convaincre pour toucher le grand public. À ce sujet, le concept de « pic des objets » évoqué précédemment soulève des questions intéressantes : les sociétés occidentales sont-elles dans une période de transition ? La consommation va-t-elle augmenter de nouveau ? Est-ce le poids croissant d'internet qui nous fait basculer dans une économie axée sur les services ?

Tous les services de consommation collaborative ne portent pas les mêmes valeurs : dans la typologie que nous avons arrêtée, les services de groupement d'achat ne partagent pas clairement l'ambition ni les valeurs écolo-humanistes de coproduction des Amap. Il est utile d'être conscient de ces nuances, pour ne pas transformer la notion en un concept fourre-tout mélangeant les communautés qui veulent partager au sens gratuit du terme et les services qui optimisent l'allocation des ressources[114].

Clarifier le positionnement des différentes initiatives facilitera, en outre, la compréhension et l'adhésion du public.

D'autres questions se posent également : n'y a-t-il pas, par exemple, des risques de récupération par certaines marques de la logique du partage ? La consommation collaborative supprime-t-elle vraiment les intermédiaires ? N'y a-t-il pas un risque de taxation des revenus obtenus de la sorte, à terme ? Les particuliers ne pourraient-ils pas être taxés sur cette micro-entreprise non déclarée ?

Pour Daniel Kaplan, de la Fondation Internet nouvelle génération (Fing), il est nécessaire de rendre à la communauté le fruit de sa participation bénévole (comme dans le logiciel libre) et de ne pas profiter de la collaboration en privatisant les profits[115].

Si la consommation collaborative entend supprimer les intermédiaires, le besoin de garanties et d'assurance ne permet pas encore de les effacer complètement et il existe, comme partout, des actes de vandalisme. À Paris, on ne compte plus les Vélib saccagés ou qui finissent dans la Seine. Des services comme AirBnB ont aussi connu certains soucis, tout comme HiGear, qui a cessé ses services de prêts de voitures de luxe entre particuliers en janvier 2012 suite aux vols de quatre voitures d'un montant total de 400 000 dollars effectués avec de fausses identités par

114 Hubert Guillaud rédacteur-en-chef d'InternetActu.net et responsable de la veille à la Fondation Internet nouvelle génération estime que la consommation collaborative n'est pas une réponse à la crise planétaire, mais une nouvelle étape de la marchandisation des rapports humains – et notamment de rapports humains qui ne l'étaient pas nécessairement avant « usages mésusages » (12 janvier 2012). www.internetactu.net

115 Article de Vincent Truffy : « Partageux mais bien marketés » (septembre 2011) ; blogs.mediapart.fr

un gang à Los Angeles[116]. De son côté, ZipCar a aussi été confronté à des problèmes d'assurance et à une mauvaise presse qui s'en est suivie…

Roo Roger en est convaincu : le plus gros défi, c'est la confiance. Je dois savoir qui vient louer mon appartement, ma maison, etc.[117]

À terme, les intermédiaires traditionnels devront repenser leur positionnement dans un savant mélange de tradition et de modernité : comment les hôteliers vont-ils réagir au développement de services comme AirBnB ? Les bibliothèques maximisent déjà l'usage d'un livre, d'un Cd ou autres : leur service va-t-il évoluer pour autant ? Quid des magasins d'occasion et des brocantes ?

Leur existence sera probablement préservée s'ils savent adopter la modernité dans laquelle évolue la consommation collaborative tout en valorisant les garanties associées traditionnellement aux services qu'ils proposent.

La question de la dépendance est également posée. Dépendance financière aux systèmes de location, dépendance technique aux systèmes logiciels dans le cas d'usages informatiques (tablettes numériques), dépendance de nos profils d'usagers publics garants d'une (e)-réputation. Nous vivons dans une société publique et sociale par défaut et si certains comme Jeff Jarvis[118] nous incitent à développer notre « publitude[119] » sous prétexte d'améliorer nos relations interpersonnelles et nos liens sociaux pour dynamiser l'économie et la participation démocra-

116 Article « Luxury car sharing service higear shuts down due to theft » (janvier 2012) par Sarah Perez. www.techcrunch.com

117 Article « Roo Rogers on what's next in the sharing economy » (août 2011) par Laura Kolodny. www.fastcompany.com

118 Dans son livre, *Tout nu sur le web*, paru en 2012.

119 Traduction française de ce qu'il appelle « publicness ».

tique, il demeure que nous devons nous-mêmes déterminer nos limites de partage.

Les avancées juridiques

Enfin, citons aussi l'existence d'un flou juridique et fiscal qui permet la croissance fulgurante du modèle. «*Bien sûr, les théoriciens du mouvement ne plaident pas pour un encadrement législatif. Mais jusqu'à quand échapperont-ils à cette logique économique ?*», demande Daniel Kaplan[120]. Pour Anne-Laure Brun-Buisson, avocate initiatrice de ShareLex et membre de OuiShare, «*le droit, qui n'est que le reflet des évolutions économiques et sociales et donc adapté aux modes "traditionnels" de consommation et d'échanges va nécessairement s'adapter à ces nouvelles approches. La consommation collaborative et l'économie du partage se développent dans le cadre existant mais se heurtent du même coup à son inadaptation, qui pèse sur les modèles.*»

Si on prend l'exemple des monnaies sociales, qui peuvent favoriser par exemple les échanges de biens (d'occasion notamment) et de services (souvent non professionnels), au sein de communautés locales, le curseur qui permet de savoir à partir de quel moment on entre dans une activité «professionnelle», nécessitant une assurance, une valorisation en euros des services rendus n'est aujourd'hui pas très clair, ni même adapté. Les utilisateurs de ces monnaies peuvent ainsi se trouver dans des zones d'incertitudes dans lesquelles ils ne savent pas par exemple si la Tva peut être due (et payable en euros), alors qu'aucun échange en monnaie traditionnelle n'aurait eu lieu entre les personnes concernées.

120 Article de Emarketing «Partage and co» (novembre 2011) par Amélie Nebia. www.e-marketing.fr

Il existe pourtant des exemples d'adaptation des réglementations permettant de répondre aux besoins spécifiques de l'éco-nomie collaborative: «*Aux États-Unis par exemple, une loi sur le* crowdfunding *est en cours de discussion pour permettre le développement du financement* peer-to-peer, *qui répond à un vrai besoin*» souligne notre spécialiste.

Ces «transformations silencieuses» vont donc dans le sens d'une plus grande collaboration, d'une manière de repenser la protection de la propriété et les grands monopoles.

À terme, nous devrions sans doute voir émerger de nouvelles alliances entre les modèles traditionnels et les modèles émergents, les acteurs ayant tout intérêt à se voir comme des partenaires et non comme des concurrents: «*On a bien vu avec l'industrie musicale que les logiques d'opposition des industriels étaient vaines et qu'une coopération avec les acteurs émergents était la bonne formule puisqu'il n'est ni possible ni souhaitable (sur un plan éthique notamment) d'aller à l'encontre d'évolutions qui prennent racine dans l'expression de besoins fondamentaux exprimés par la société civile elle-même*» explique Anne-Laure Brun-Buisson.

Pour privilégier ces évolutions juridiques, trois pistes de réflexion peuvent donc être explorées: un effort pédagogique pour faire connaître les outils développés par de nouveaux acteurs en démontrant qu'ils répondent à une demande et apportent des solutions aux problèmes économiques actuels (emploi et création de valeur notamment); une action auprès des pouvoirs publics pour faire évoluer les normes juridiques et fiscales; et la promotion de nouvelles alliances entre acteurs émergeants et acteurs traditionnels. Au-delà d'une réglementation spécifique, c'est donc bien de l'adaptation du droit et de la fiscalité qu'il est question. Pour Lisa Gansky d'ailleurs, les États peuvent soutenir ces nouveaux services, promouvoir l'innovation et faire germer de nouveaux modèles économiques participatifs[121].

Et dans les pays en développement ?

Dans les pays moins développés qu'en Occident, ce que nous considérons être une révolution a de quoi faire sourire : l'accès au réseau internet y est moins développé, les populations ont un taux d'équipement informatique beaucoup plus faible, l'Internet mobile reste coûteux et les facilités de paiement en ligne sont moins répandues (les sociétés sont moins bancarisées et cela n'est encore pas entré dans les mœurs).

Youssef Nimzilne, un entrepreneur social marocain membre de OuiShare, nous a aussi confié avec justesse à quel point la conscience de consommateur est absente dans ces pays : les excès de la consommation de masse n'ayant pas été atteints, le militantisme via la consommation est encore bourgeonnant (contrairement au militantisme politique qui a surgi avec le printemps arabe). Les inégalités et la paupérisation dans ces sociétés forment aussi un élément de méfiance : l'absence d'état de droit ne rassure par le consommateur qui pourrait se « faire avoir » !

De manière globale, de nombreux services proposés par les sites de consommation collaborative sont déjà pratiqués de manière informelle dans ces pays : au Maghreb par exemple, l'offre de transport (taxi, bus) est largement inférieure à la demande dans les grandes agglomérations, si bien que sont apparus des « taxis

---

121 « Lisa Gansky, *The Mesh*, un changement fondamental » par Antonin Léonard (septembre 2011). www.consocollaborative.com

non autorisés» (*khettafa* en arabe) prévenus par un gardien de parking qu'un grand nombre de personnes se trouvent à un endroit donné et ne trouvent ni taxi ni bus libres. En Occident, cela correspondrait à du covoiturage dynamique formalisé par un service utilisant les technologies mobiles et un système d'assurances...

Une chose est sûre: ces nouveaux modes de consommation dessinent les contours d'une nouvelle économie et donnent un nouveau pouvoir au consommateur occidental.

À l'image des idées défendues par les spécialistes du *peer-to-peer*[122], il est aujourd'hui nécessaire d'appliquer les principes du libre à la production de biens et de services. Nous pourrons alors envisager concrètement l'articulation de cette économie de la contribution[123] dans laquelle l'argent n'est plus le moteur principal: l'accès remplace la propriété, les échanges se substituent aux achats, la valeur sociale devient une monnaie, les monopoles sont remplacés par des co-opoles[124], les consommateurs se transforment en usagers, emprunteurs et contributeurs. Économie de la contribution, du partage, de l'échange, économie participative ou collaborative... le foisonnement de termes reflète encore le besoin de discernement dans cette tendance.

Voyons maintenant comment le pouvoir citoyen retrouvé par le biais de ces nouvelles pratiques permet d'impulser des démarches de coconstruction propices à la progression des relations Ong-entreprises.

122 Article Greensiders sur Rue89: «Bauwens: le peer-to-peer est le socialisme du XXIe» (janvier 2012). www.blogs.rue89.com

123 Article «Vers une économie de la contribution»(novembre 2011). www.owni.fr

124 Selon l'expression utilisée par Adam Black, fondateur de KeyWifi aux États-Unis; vidéo: «Connecting the collective mind» (février 2012). www.shareable.net

LES CO-USAGES

Une organisation ou un particulier partage l'usage d'un bien et se fait rémunérer pour cela. On peut partager...

- **Une voiture :** autopartage tra-ditionnel (www.franceautopartage.com, www.mobizen.fr, www.autolib.fr) ou autopartage entre particuliers (www.deways.fr, www.voiturelib.com, www.cityzencar.com, www.buzzcar.com, www.livop.fr, www.unevoiturealouer.com)
- **Un vélo :** Vélib, Vcub, Velov, et autres services mis en place par les collectivités, voir aussi www.spinlister.com
- **Un trajet :** www.covoiturage.fr, www.123envoiture.com, www.greenmonkeys.com, www.easycovoiturage.com
- **Un parking :** www.monsieurparking.com
- **Un objet :** www.zilok.com, www.e-loue.com
- **Une machine à laver :** le lavomatic du coin, ou alors chez votre voisin avec www.laverfacile.fr ou www.lamachineduvoisin.fr
- **Une poussette ou du matériel de puériculture :** www.bebepartage.com
- **Un hébergement :** www.airbnb.com, www.sejourning.com, www.fr.bedycasa.com
- **Un repas :** www.super-marmite.com
- **Un jardin :** www.cavientdujardin.com
- **Une cuisine de grand chef pour un cours de cuisine :** www.restolib.fr
- **Une création :** www.etsy.com, www.dawanda.fr
- **Un mari :** www.lemarialouer.fr

- **Une musique :** www.spotify.com
- **Plein de trucs :** www.uniiverse.com
- **Un envoi postal :** www.expediezentrevous.com
- **Un lieu de travail :** www.mutinerie.org, www.la-ruche.net, les cantines de Paris, Nantes, Rennes, etc.
- **Un prêt d'argent :** www.pretdunion.fr, www.friendsclear.com

---

LA COÉLABORATION

Certaines logiques regroupées ici sont fort anciennes, comme les projets associatifs, coopératifs et mutualistes : c'est l'échelle de valeurs et le degré d'engagement formel qui permettent de différencier les approches. Il m'est possible de participer à...

- **La promotion d'une alimentation locale :** www.reseau-amap.org, www.reseaucocagne.asso.fr, www.laruchequiditoui.fr, www.mon-panier-bio.com
- **La réalisation d'un projet culturel ou d'un rêve :** www.KisskissBankbank.com, www.MyMajorCompagny.com, www.touscoprod.com, www.Oocto.com, www.dreamshake.com, etc.
- **La recherche scientifique :** www.fold.it/portal
- **La réalisation d'un jardin partagé :** www.jardins-partages.org, www.jardinons-ensemble.org,
- **L'acquisition de terres :** www.terredeliens.org
- **Le financement de projets d'habitat écologique :** www.bati-cites.fr
- **L'achat d'énergie renouvelable :** www.energie-partagee.org
- **L'accès à une énergie renouvelable :** www.eolien-citoyen.fr, www.enercoop.fr

- **La vie dans un habitat partagé :** www.habicoop.fr, www.coab.fr, www.eco-quartiers.fr
- **L'entrepreneuriat coopératif :** www.les-scop.coop, www.coopaname.coop
- **La construction d'un village ou d'une communauté :** www.opensourceecology.org/gvcs.php

---

LE TROC

Je peux échanger :

- **Des objets divers :** www.myrecyclestuff.com, www.gchangetout.com, www.co-recyclage.com, www.troctribu.com, www.doncontredon.fr
- **Des livres :** www.booktroc.com.
- **Des compétences :** www.selidaire.org, www.troc-services.com, www.lestrocsheures.fr, www.skillshare.com
- **Des jeux :** www.gamoniac.fr
- **Des billets de train :** Trocdestrains.com
- **Des vêtements :** sur Internet pour les enfants (www.kiditroc.com), pour des habits de marque (www.fr.vestiairecollective.com, www.pretachanger.fr), ou pour organiser des Troc Parties (www.pretatroquer.fr)
- **Des logements :** www.trocmaison.com ou www.homeforexchange.com, www.guesttoguest.com
- **Une récolte :** www.lepotiron.fr, www.plantezcheznous.com

LA COHABITATION

La logique de don est remise au goût du jour : don entre personnes mais aussi au sein d'une communauté d'appartenance. On vit ensemble... en ayant plaisir à :

- **Donner des objets usagers :** http://fr.freecycle.org, www.ressourcerie.fr/reseau, www.quileveut.fr
- **Partager un repas :** www.colunching.fr
- **Partager une récolte :** www.les-ptits-fruits-solidaires.com
- **Partager une chambre d'amis** : www.couchsurfing.org
- **Partager une table le temps d'un repas :** www.livemyfood.com, www.bienvenueamatable.com
- **Partager un conseil pour réparer une machine :** www.commentreparer.com
- **Partager du temps pour ceux qui en ont besoin :** www.accorderie.fr
- **Choisir ensemble un film à regarder de nouveau au cinéma :** www.la7emesalle.com
- **Aider un voisin âgé du quartier :** www.voisin-age.fr
- **Échanger avec les gens du quartiers :** www.peuplade.fr
- **Partager un trajet :** covoiturage libre et gratuit www.covoiturage-libre.fr ou autostop
- **Manifester :** www.carrotcommunity.org
- **Partager son wifi :** www.corp.fon.com/fr, www.wifis.org
- **Cobouquiner** avec www.booksurfing.org ou
- **Faire circuler des livres :** www.circul-livre.blogspirit.com

chapitre 2

UN MONDE EN COCONSTRUCTION

«*La générosité ne se mesure pas à ce que l'on donne, mais à ce que l'on attend en retour*», dit un proverbe.

Charles Eisenstein, auteur américain dont la réflexion décrypte en détail les effets de la monnaie sur les rapports humains[125], a été médiatisé aux États-Unis durant les manifestations des Indignés d'Occupy Wall Street[126]. Pour lui, nous sommes fondamentalement motivés pour construire un monde plus beau, dicté par notre cœur; un monde sacré, qui fonctionne bien pour tous, un monde de paix: «*Même le 1% stigmatisé par les Indignés souffre de la perte de communauté, la perte du lien, de l'intimité et du sens (…) La consommation collective ne crée pas d'intimité: seule la créativité collective et les dons peuvent créer l'intimité et lier les gens entre eux.*» Pour renforcer les dynamiques collectives, nous devons développer des connexions fortes dépassant des logiques de consommation collaborative, en insistant sur les démarches de coconstruction.

C'est ce que l'on observe avec le travail effectué par les

125 *The Ascent of Humanity* et *Sacred Economics.*

126 Notamment dans la vidéo *The Revolution of Love* réalisée dans le cadre du projet Occupy Love www.occupylove.org

Organisations non gouvernementales (Ong[127]) : elles sont de plus en plus nombreuses à travailler main dans la main avec des organisations publiques et privées pour attirer l'attention sur des sujets aussi nécessaires que la protection de l'environnement, les droits de l'homme, la régulation des marchés, l'éducation, la lutte contre la corruption, la solidarité locale, la coopération internationale, la liberté d'expression, la protection des minorités, l'accès aux soins, à l'eau, la santé, le handicap, la reconstruction après une catastrophe, etc.

Les exemples de coconstruction ne manquent pas

Pour illustrer cette logique, prenons avant tout quelques exemples.

Au Royaume-Uni, en 2011, le Wwf a lancé le projet « Tasting the Future[128] » afin de stimuler l'innovation collaborative et trouver des solutions à la malbouffe, à l'obésité et à l'empreinte écologique des modes alimentaires britanniques. Conscients de l'interconnexion de ces problématiques et des initiatives d'ores et déjà lancées sur le sujet, l'Ong a proposé un projet de réflexion et d'action commun. Il s'agit de fédérer une « communauté d'innovateurs » qui pourront s'appuyer sur leur influence collective afin de promouvoir un mode alimentaire plus respectueux des hommes et de l'environnement. Le Wwf a réuni plusieurs organisations pour initier ce projet, à savoir l'Adas (un cabinet de conseil fort réputé

127 Sont qualifiées ici par ce terme des organisations protéiformes : organisations non gouvernementales, syndicats, organisations de populations autochtones, organisations caritatives, organismes confessionnels, associations professionnelles, fondations privées, groupements communautaires, etc. Le manque de définition universelle de l'Ong explique la diversité des chiffres donnés pour les dénombrer : elles seraient entre 38 000 à 50 000 à agir dans le monde selon les estimations.

128 www.tastingthefuture.ning.com

outre-Manche), la Food and Drink Federation (qui représente l'industrie alimentaire du Royaume-Uni) et le Food Ethics Council (organisation caritative qui se consacre aux problématiques alimentaires). L'idée étant de fédérer ensuite de plus en plus de contributeurs, d'identifier des possibilités d'innovation et de communiquer ensuite sur les avancées du collectif.

Alors que le projet a été lancé en juin 2010, il compte d'ores et déjà près de 500 participants dont les rassemblements permettent de valoriser les initiatives existantes, connecter et faire collaborer les différents acteurs. Des sessions de travail sur les principes de l'intelligence collective identifiant de nouveaux savoirs et de nouvelles pratiques ont régulièrement lieu dans le cadre du projet.

En France, le collectif de l'Alliance pour la planète et le Grenelle de l'environnement sont deux initiatives illustrant aussi cette tendance ; l'Alliance pour la planète a su réunir en 2006 plus de 80 associations de défense de l'environnement afin de faire entendre la voix de l'écologie dans la campagne présidentielle.

Aidées par la résonance du Pacte écologique lancé par la Fondation Nicolas Hulot, leur discours a été entendu par le gouvernement élu en 2007, qui a organisé un « Grenelle de l'environnement » pour engager la France sur les voies du développement durable en conviant à la table des négociations l'ensemble des parties prenantes concernées par le sujet. Même si les lois issues du processus sont loin d'avoir généré un consensus[129], l'initiative a eu le mérite d'asseoir autour des tables de négociations des acteurs antagonistes de tout temps – chose qui n'aurait pas été imaginable il y a quelques années.

129 En mars 2010, la Fondation Nicolas-Hulot a quitté la table des négociations suite à l'abandon de la taxe carbone.

Le Comité 21[130] s'inscrit également dans cette mouvance. Depuis 2004, il conçoit et anime des démarches de concertation avec des parties prenantes de son réseau (chercheurs, syndicats, institutions, collectivités territoriales, Ong, etc.) pour les entreprises adhérentes. Cette concertation suit un ensemble de règles destinées à garantir la qualité de la démarche et du dialogue engagés durant le processus. Il s'agit alors d'entamer un travail régulier, renouvelé, impliquant le Pdg de la société tout autant que ses directeurs stratégiques et opérationnels. Le rôle du Comité 21 est alors celui d'un médiateur, garant du respect de la démarche et de l'équilibre entre les intérêts de l'entreprise et ceux des parties prenantes (proposées par le Comité 21 et validées par l'entreprise).

Il s'agit d'aller au-delà de la simple information, pour entreprendre «*la coconstruction d'une stratégie durable dans une confiance réciproque qui s'installe peu à peu, sans que cela sous-entende une caution systématique, de la part des parties prenantes, des actions menées par l'entreprise – ce qui sans cela rendrait l'exercice inutile*[131].»

Aujourd'hui de nombreux cabinets de conseil en développement durable proposent aussi de telles approches de concertation, optant pour des techniques d'échange et de coconstruction

130 Le Comité 21 a été créé en 1995 pour mettre en œuvre l'Agenda 21, programme d'actions ratifié par plus de 170 pays au Sommet de la Terre de Rio en 1992. Il facilite la mise en œuvre d'Agenda 21 locaux en France par la réalisation d'outils méthodologiques et l'identification des bonnes pratiques sur les territoires. La première stratégie nationale du développement durable française 2003-2008 a fixé comme objectif l'élaboration de 500 Agenda 21 locaux à l'horizon 2008, la stratégie nationale 2009-2013 a fixé un objectif de 1000 Agenda 21 locaux en France d'ici fin 2012.

131 In: *Note 21* du Comité 21, «La Concertation avec les parties prenantes externes».

sur lesquelles nous reviendrons en détails dans le chapitre 4.

Les collectivités locales, enfin, dans le cadre de leurs démarches d'Agenda 21, utilisent ces actions de concertation. Il leur est demandé de s'engager sur cinq grandes finalités (lutte contre le changement climatique; préservation de la biodiversité, des milieux et des ressources; cohésion sociale et la solidarité entre les territoires et les générations ; épanouissement de tous les êtres humains; dynamique de développement suivant des modes de production et de consommation responsables) selon cinq méthodes (stratégie d'amélioration continue; de participation; d'organisation du pilotage; de transversalité des approches; évaluation partagée), le tout étant encadré par un référentiel pour l'évaluation des projets territoriaux de développement durable[132]. En mars 2012, 866 collectivités françaises s'étaient engagées dans de telles démarches.

Il serait trop long ici de dénombrer l'ensemble des exemples de coconstruction responsable que nous avons observés ces dernières années en France et à l'étranger. Tous ne comportent pas le même degré de collaboration entre les parties prenantes, mais ils témoignent de l'évolution des modes d'action en matière de réponse aux défis du développement durable. Au-delà des exemples de coélaboration et de partage évoqués dans le précédent chapitre, ils illustrent à quel point notre cohabitation sociétale progresse à une échelle sans précédent et de plus en plus locale.

L'évolution la plus marquante, selon nous, date de la fin des années 1990, avec le début d'une nouvelle ère dans les relations entre monde marchand et non marchand, entre les entreprises et

132 www.agenda21france.org

les Ong. Longtemps, les campagnes de boycott des entreprises polluantes comme Total ou BP par des Ong telles que Greenpeace, ou bien encore les campagnes d'information des Amis de la Terre au sujet des banques – financeurs de ces entreprises polluantes – ont placé les Ong dans une posture de « chien de garde » face à la communication assumée des entreprises sur leur responsabilité sociale et environnementale.

Par nature, entreprises et Ong ont pour habitude de défendre des visions différentes, mais pas forcément opposées, sur des questions allant du changement climatique au commerce international, en passant par l'éducation des populations locales ou le respect des droits de l'homme. La raison en est simple : leurs leviers d'influence et d'action sont différents.

Aujourd'hui soutenues par une société civile plus puissante, les Ong adoptent des stratégies d'action plus coercitives, mais aussi plus collaboratives : il est plus facile de vérifier sur le terrain les déclarations des entreprises, et de garantir – ou non – la véracité de leurs réalisations. La donne a donc changé : si le poids croissant de la parole citoyenne prive les firmes de la maîtrise de leur image de marque, elles doivent s'adapter pour survivre aux critiques émises par leurs clients et parties prenantes, soutenus bien souvent par les Ong qui trouvent là un point d'appui considérable pour faire valoir leurs actions et leurs combats.

Ce nouvel état d'esprit qui chemine depuis plus de vingt ans dans les relations qu'entretiennent ces sœurs ennemies prouve à quel point leurs espaces d'influence sont complémentaires : c'est dans le développement d'une posture « contre-nature », qualifiée parfois de « rencontre du troisième type », que les dialogues et les synergies de compétences peuvent se manifester pour trouver des clés de réponse aux enjeux du monde.

Sur la voie de la convergence : du conflit à la coopération

Plusieurs facteurs jalonnent le chemin du rapprochement entre Ong et entreprises, à commencer par l'émergence, dans les années 1990, de mouvements de contestation fort médiatisés. Qui n'a pas vu les images de manifestants altermondialistes mobilisés devant les chefs d'État réunis au forum de Davos, ou lors des sommets de l'Organisation mondiale de commerce à Seattle ? Les documentaires comme ceux réalisés par le cinéaste engagé Michael Moore[133] se multiplient et donnent du fil à retordre aux grandes marques. Les Forum sociaux mondiaux gagnent en visibilité, posant de fait deux questions indissociables : comment mieux gérer nos biens communs et améliorer notre bien-vivre en société ?

L'action individuelle d'un seul citoyen peut désormais mettre à mal l'image d'une entreprise. En 1998, le géant de la chaussure de sport Nike a reçu un véritable coup de semonce. À l'époque, la multinationale fait l'objet d'une vigoureuse campagne médiatique. Des Ong lui reprochent de travailler, dans des pays en développement, avec des sous-traitants ne respectant pas les droits de leurs salariés, voire maltraitant femmes et enfants. En réponse à ce feu de critiques, les dirigeants de Nike publient une série de communiqués dans lesquels ils réfutent les faits avancés par les Ong. Ulcéré par ces déclarations qu'il estime mensongères, Marc Kasky, « simple citoyen » californien décide de poursuivre la multinationale pour « publicité mensongère » – ainsi que le permet la loi de l'État de Californie. Selon lui, les prises de position publiques de Nike relèvent non de la réalité, mais d'un

133 À découvrir son long métrage dénonçant le pouvoir des entreprises : *Capitalism : a Love Story* (2009).

« discours marketing » destiné à enjoliver les faits pour accroître les ventes de l'entreprise. Après cinq ans de procédure, Nike est condamnée : elle s'engage à verser 1,5 million de dollars pour aider à la mise en place de programmes d'audits chez ses fournisseurs et pour financer des programmes d'éducation et d'aide dans les communautés locales.

Des Ong de plus en plus professionnelles

Aidés par l'évolution du contexte juridique, les rapports de force s'inversent et donnent aux Ong un levier médiatique puissant pour façonner les débats et rappeler l'entreprise à ses devoirs envers la société. Le Sommet de Rio (1992) légitime leur rôle, et le Sommet de Johannesburg (2002) les consacre comme interlocuteurs clés de l'entreprise : une déclaration commune historique a alors été signée entre le World Business Council for Sustainable Development et les Ong présentes[134]. Compte tenu de la complexité des enjeux du développement durable, le cadre réglementaire a su inventer de nouvelles formes de coopération entre acteurs publics et privés en créant des partenariats multi-acteurs, dits « partenariats de type 2 ». Contrairement aux partenariats « de type 1 » qui impliquent les gouvernements, ils mettent sur un pied d'égalité les gouvernements, les groupes régionaux, les autorités locales, les Ong, les institutions internationales et le secteur privé. À Johannesburg, 200 partenariats de ce type ont été lancés officiellement pour mettre en pratique les engagements contenus dans la déclaration politique des gouvernements.

La progression des attentes en termes de responsabilité, et des catastrophes comme celles du tsunami en Asie du Sud-Est ou

134 Novethic : *Panorama des relations Ong/Entreprises : quelles évolutions pour quelles influences ?* Première publication en 2002, actualisée en 2006.

le tremblement de terre en Haïti, ont accéléré la prise de conscience du rôle des entreprises en matière de générosité et de solidarité, facilitant de fait cette convergence naissante avec les Ong.

Au fur et à mesure, les réseaux d'Ong se sont démultipliés et structurés, améliorant ainsi leurs capacités et leur surveillance des multinationales. Ce maillage doit beaucoup au développement d'Internet et du web participatif : ces outils innovants ont facilité l'adoption de nouveaux comportements dans les Ong en donnant un coup d'accélérateur certain aux échanges et à la mobilisation citoyenne. Ils permettent de diffuser largement une information à coût très faible et de regrouper rapidement une masse significative de personnes autour d'une thématique ciblée. Dorénavant, une campagne de communication habilement menée sur le web 2.0 peut faire bouger les lignes en un temps record. D'autant que ces citoyens sont plus aptes à soutenir ponctuellement un projet qu'auparavant, où la démarche d'engagement associatif était plus engageante et « contraignante ». Désormais, relayer une vidéo, signer (et faire savoir que l'on a signé) une pétition, afficher une bannière sur son blog ou sur un profil de réseau social, etc., sont autant de modes de soutien à l'action d'une Ong. En ce sens, le travail engagé et impliqué des militants s'accompagne aujourd'hui d'une participation ponctuelle mais significative d'une majorité silencieuse. Les réseaux sociaux deviennent donc indispensables dans la boîte à outils des leviers d'action et d'influence des associations.

À ce sujet, Beth Kanter, spécialiste des Ong et coauteur de l'ouvrage *Networked NonProfit*[135], ne cesse de valoriser la

135 Beth Kanter est intervenue à Paris en février 2012 pour présenter ses travaux dans le cadre de la Social Media Week, avec les responsables communication de la Fondation Abbé Pierre, la Chaîne de l'espoir, la Croix-Rouge et la Cpca (Conférence permanente des coordinations associatives).

puissance des réseaux sociaux dans la stratégie de communication globale des Ong. Ils sont au service de l'ouverture, de la transparence et de la décentralisation de l'organisation. La mise en réseaux facilite la circulation des militants, encourage le partage et la sensibilisation autour des problématiques dénoncées par l'Ong, organise les communautés pour fournir des services ou prêcher en faveur d'une législation. Le tout est donc d'organiser les conversations entre les membres de l'Ong et les citoyens, en ligne, et de construire des relations sur le long terme avec la communauté.

Aujourd'hui, les associations ne doivent plus se poser en « forteresses » dénonciatrices, elles doivent s'ouvrir, devenir des « plates-formes » collaboratives permettant à chacun de participer à la cause défendue. Il est essentiel, avant toute chose, de s'assurer un bon socle de soutien.

En ce sens, la Croix-Rouge fait partie des cas d'école en la matière. Son arrivée sur les réseaux sociaux répondait avant tout à des besoins de levées de fonds. Mais alors que l'association a un devoir de neutralité fort et que son fonctionnement est justement digne d'une « forteresse », ce sont les bénévoles qui ont attiré l'Ong sur le terrain des réseaux sociaux. Aujourd'hui, la Croix-Rouge dialogue quotidiennement avec les bénévoles et le public, elle développe même une communauté « d'experts » bénévoles, capables de répondre aux différentes questions des internautes. Preuve s'il en faut de cet usage, la dernière campagne de l'Ong, en 2011 était basée sur des portraits de bénévoles, publiquement remerciés par la Croix-Rouge pour leur engagement.

Avaaz constitue un autre exemple incontournable. Cette Ong internationale d'activisme en ligne créée en 2007 affichait en mars 2012 plus de 13,6 millions de membres répartis dans 194 pays.

Les leviers d'action sur les entreprises se renforcent par le biais du pouvoir de la société civile. Désormais, les Ong savent comment nuire fortement aux entreprises : en ciblant leur réputation.

Des entreprises qui s'adaptent en douceur

En réaction, l'entreprise peut développer différents types de réponses. Ne rien dire et attendre que les choses s'apaisent, au risque de perdre sa réputation ou de voir la situation s'envenimer. Nier les faits, avec la menace de passer pour une organisation malhonnête si des éléments ne sont pas suffisamment apportés pour contre-carrer ou justifier certains comportements. Accepter les reproches et faire amende honorable, en s'engageant à changer de pratiques, ou affirmer que l'on ignorait cet état de fait, et accepter de collaborer avec l'Ong pour améliorer ses pratiques.

Deux cas d'école pour illustrer cela. En 1993, l'Ong Rainforest Action Network (Ran) est venue défier Mitsubishi en lançant une campagne de sensibilisation auprès du grand public, mettant alors en danger l'image de l'entreprise automobile japonaise. On lui reproche alors de détruire les forêts tropicales. Les dirigeants sont pris au dépourvu face aux demandes de l'Ong, mais plutôt que de rester dans une position antagoniste, l'entreprise a décidé d'améliorer ses pratiques : la collaboration avec l'Ong n'a pas été simple au début, mais elle fait référence aujourd'hui[136].

Citons également une situation plus récente : en mars 2011, Greenpeace cible Nestlé en dénonçant son usage massif

136 À ce sujet, lire le papier « Turning conflict into cooperation » de Peter Asmus, Hank Cauley, & Katharine Maroney, *Stanford Social Innovation Review*, 2006.

d'huile de palme dans les barres chocolatées KitKat[137]. La vidéo réalisée à cette fin par l'Ong fait rapidement le tour des réseaux sociaux[138], mais la réaction de Nestlé envenime la situation. Dans un premier temps, la marque veut faire retirer de YouTube la vidéo de Greenpeace sous prétexte que le détournement de son logo viole sa propriété intellectuelle. En agissant de la sorte, la firme provoque malgré elle un « effet Streisand » : le nombre de personnes diffusant la vidéo de Greenpeace connaît alors une augmentation considérable. Pendant plusieurs heures puis plusieurs jours, Nestlé ne saura pas comment réagir. Les cours de bourse s'effondrent et la société passe par un moment délicat : pour les spécialistes du web, « *le professionnalisme avec lequel Greenpeace a préparé, mis au point et exécuté ses attaques est plus qu'une alerte pour les annonceurs. Il ne s'agit plus désormais de conquérir l'attention des internautes, il va désormais falloir également se défendre d'attaques de la sorte, et c'est un tout autre métier*[139]. » L'épilogue de cette campagne est rapide : en mai 2011, Nestlé annonce qu'elle va cesser d'utiliser des produits issus de la déforestation tropicale[140] – de quoi chambouler sa chaîne d'approvisionnement en la soumettant à une traçabilité plus contraignante et coûteuse.

Ce dernier exemple est à l'image du schéma traditionnel de confrontation entretenu par les entreprises et les Ong. En 2005

137 Avant cela, Greenpeace avait déjà dénoncé les agissements des sous-traitants de Nestlé qui, pour produire l'huile de palme utilisée par l'industrie agro-alimentaire, détruisent la forêt indonésienne et l'habitat de nombreuses espèces protégées.

138 Entre mars et mai 2010, la vidéo de Greenpeace a été vue plus de 1,5 million de fois.

139 Pour en savoir plus, cf. « Greenpeace et Nestlé sur Facebook, l'art de la guerre », par F. Epelboin, Read Write Web, 30 mars 2010.

140 Source Greenpeace.

d'ailleurs, aucune des 100 marques citées dans le classement BusinessWeek / Interbrand n'avait échappé à une crise d'image initiée par une ou plusieurs Ong[141]. Celles-ci savent à quel point le capital immatériel est sensible dans la valorisation des entreprises, et chaque entreprise connaît le prix à payer quand il est remis en question...

Un vrai mouvement de fond

La professionnalisation croissante des Ong joue néanmoins en faveur d'approches plus coopératives avec les acteurs marchands. Les Ong ne se contentant plus de dénoncer, elles deviennent forces de suggestion avec la volonté de nouer un dialogue constructif. Une étude réalisée en 2002 par Man-Com Consulting[142] auprès d'un panel de 400 Ong montre que celles-ci « ne rejettent plus l'entreprise » : 71% des Ong sondées déclarent avoir été en contact avec des entreprises, 42 % régulièrement, 40 % occasionnellement et 18 % exceptionnellement. Pour 57 % d'entre elles, ce contact s'est effectué à leur initiative ; et pour celles qui n'en ont pas encore eu, elles sont 86% à le désirer. Cette étude montre que les attentes vis-à-vis de l'entreprise se sont renforcées. La majorité des Ong appellent de leurs vœux « l'implication des entreprises dans des projets citoyens » (83 %), ainsi que « le financement de projets » qu'elles portent (80 %). Les Ong attendent également que ce type de coopération aboutisse sur « des échanges d'informations » (48 %) et « la sensibilisation des opinions à des problèmes spécifiques » (50 %).

Les avantages de la collaboration entre Ong et entreprises

141 Novethic, op. cit.

142 Citée par Olivia Verger et Gavin White, IMS pour Entreprendre, op. cit.

deviennent évidents, le savoir-faire de terrain et les connaissances des Ong sont utiles dans un contexte de montée des préoccupations liées au développement durable. À un moment où l'ensemble des parties prenantes les incite à être transparentes, les entreprises doivent non seulement améliorer leurs pratiques mais également en témoigner - au risque, sinon, de voir leur réputation abîmée.

Sans parler des contraintes réglementaires qui pèsent sur le monde des affaires, incarnées - pour schématiser - par la responsabilité sociétale des entreprises (Rse)[143], et convergent avec le développement d'initiatives volontaires... autant d'opportunités pour les entreprises d'innover et de se parer d'une vision pour l'avenir, autant d'avantages concurrentiels pour le futur de leur activité.

Dans ce contexte, la coconstruction de valeur donne aux entreprises l'opportunité de réduire les risques spécifiés dans les approches Rse et de valoriser une image de comportement responsable.

S'associer à une Ong locale permet aussi d'acquérir une légitimité dans l'exercice de son activité. Dans certains pays, les Ong trouvent là un moyen d'élargir leurs champs d'action, d'élargir leurs compétences, leurs sources de financement, d'information et leurs canaux de diffusion. Pour certaines, il s'agit même de co-piloter la stratégie Rse de l'entreprise (comme le fait, par exemple, le Wwf avec le groupe Lafarge depuis plus de dix ans) en travaillant par exemple sur le développement d'indicateur de ressources humaines ou dans le cadre de la lutte contre le sida chez les salariés de l'entreprise.

143 Le chapitre 4 revient plus en détail sur les réglementations qui s'appliquent à l'entreprise.

Désormais, les entreprises et leurs salariés peuvent faire alliance avec le secteur solidaire et social, voire public : les logiques ne sont plus inconciliables comme avant. Les entreprises peuvent être perçues comme des acteurs de la cité, des entreprises citoyennes, en relation coopérative et d'intérêt commun bien intégré de part et d'autre. Les Ong jouent le rôle de vigie et de sentinelles tout autant que de garantes du chemin à suivre pour trouver la voie du bon sens économique, social et environnemental. Alors que la Rse commence à délaisser son image d'artifice marketing, il est possible aujourd'hui de distinguer différents types d'engagement et de coconstruction de valeur avec tout son écosystème.

L'architecture des relations Ong-entreprises

Les « partenariats sociétaux » entre Ong et entreprises n'impliquent pas le même degré de collaboration entre les parties prenantes. S'il est délicat d'arrêter une typologie définitive à ce sujet, quelques classifications ont déjà été proposées en la matière.

En 2002, le média *Novethic* établissait quatre types de positionnement d'Ong envers les entreprises[144] : « coopératif », « hostile », « de veille » et « participatif ». En 2006, l'actualisation de son étude prend en compte la modification des relations Ong-entreprises et retient six grands types de relations :

• **La posture de dénonciation et d'exposition**, dans laquelle les Ong montent des campagnes sans préavis pour déstabiliser des entreprises dont elles dénoncent les pratiques, pour sensibiliser l'opinion publique et changer les pratiques ;

• **La posture d'interpellation et de sensibilisation**, où l'Ong

144 Novethic, op. cit.

attire l'attention sur un sujet d'intérêt général sans cibler d'entreprise en particulier ;

• **La posture de concertation et de dialogue**, quand l'Ong engage, à titre individuel, une relation avec l'entreprise. Le Grenelle de l'environnement a réuni, en France, des parties prenantes multiples (entreprises, Ong, syndicats, collectivités locales, institutions nationales et internationales) : il illustre ce type de relations menant une réflexion commune sur les thématiques de développement durable et les directions à donner à leurs actions respectives ;

• **La posture de formation et / ou d'information des salariés** : l'Ong collabore avec l'entreprise afin de sensibiliser son personnel à des thématiques qui lui sont chères ;

• **La posture de partenariat ponctuel et la réalisation produits-partage** : l'Ong bénéficie ici d'un appui financier (souvent pour un projet de terrain précis) ou d'une partie du chiffre d'affaires issu de la vente d'un produit sur lequel, en échange, l'Ong appose son logo ;

• **Le partenariat stratégique** : l'Ong, considérée comme un expert, met en place une collaboration en vue de permettre à l'entreprise d'améliorer ses pratiques et/ou de limiter son impact sociétal (environnement, droits de l'homme, politique d'engagement, etc.).

Un article publié en 2007 dans la *Harvard Business Review* par J. Brugmann et C.K. Prahalad donne un aperçu différent de la progression des relations Ong-entreprises, selon trois formes de convergence. Dans un premier temps, elles réalisent leur besoin de coexistence et cherchent à s'influencer mutuellement. Leur convergence reflète celle des obligations réglementaires, ainsi que le début des communications conjointes entre Ong et entreprises (produits-partage par exemple) et le développement de postes professionnels dédiés aux aspects sociétaux. Le développement des politiques de Rse a beaucoup joué au cours de cette phase.

Apparaissent ensuite des stratégies d'entrepreneuriat social favorisant le début des approches par le bas de la pyramide[145] (destinées à lutter contre la pauvreté en développant des produits spécifiques pour les consommateurs pauvres oubliés du développement économique mondial). Les Ong qui s'investissent sur le terrain développent un savoir-faire unique : elles investissent leurs fonds dans la mise en place d'infrastructures indispensables pour répondre à des besoins de base insatisfaits. Durant cette phase, les Ong et les entreprises apprennent à collaborer.

La dernière étape de développement correspond véritablement à celle de la cocréation : Ong comme entreprises prennent conscience de leurs limites. En unissant leurs forces, elles mettent en œuvre des modèles économiques intégrés dans lesquels les entreprises contribuent à la création de valeurs des Ong. Trois opportunités voient le jour : la possibilité d'approvisionner des consommateurs pauvres en produits à bas prix, la création de modèles économiques hybrides impliquant des multinationales, des Ong et de petits entrepreneurs de terrain, et la valorisation de la légitimité de la multinationale dans ce secteur tout en démultipliant l'impact de l'Ong.

Si ces typologies permettent de comprendre la variété des cas de collaboration entre Ong et entreprises, nous avons choisi de simplifier le propos en différenciant les approches de pression et de dénonciation des approches philanthropiques et des approches de cocréation pures.

145 Approche BoP, « Bottom of the Pyramid ».

Les approches de confrontation

Les approches de pression sont les plus connues du grand public : les Ong aux postures de « chiens de garde » ont tout intérêt, pour le succès de leurs campagnes, à valoriser médiatiquement leurs actions. Greenpeace incarne à merveille ce mode d'action. Parce qu'elle revendique une indépendance totale, l'Ong affirme ne pratiquer aucune forme de partenariat, en termes d'images ou de rôle de conseil. L'Ong conçoit ses actions comme du lobbying, interpelle en amont les entreprises ou les gouvernements sur des thématiques qui lui sont chères, et opte pour une approche de confrontation si ses premières tentatives sont restées vaines. Greenpeace est prête à travailler de manière constructive si l'organisation sollicitée réagit de manière coopérative : « *dans ces conditions, nous n'avons pas besoin de médiatiser les mauvais comportements* » nous a expliqué Adélaïde Colin, directrice de la communication. Bien plus encore, Greenpeace sait valoriser les efforts de ceux qui ont su abonder dans leur sens : « *par exemple, Carrefour est progressiste sur les Ogm : depuis le début ils sont collaboratifs et impliqués là-dessus. Ce distributeur a été avant-gardiste* ». Le groupe a en effet lancé l'étiquetage « Nourri sans Ogm » en octobre 2010 pour 300 références alimentaires de produits animaux dans tous ses magasins en France. Pour cela, ils ont demandé à Greenpeace de valider leur approche, ce que l'Ong a effectué en conservant toute son indépendance.

Un autre bon exemple est fourni par l'Ong Peta, association pour un traitement éthique des animaux. Ses campagnes médiatiques sont connues pour mettre en avant des célébrités ayant adhéré à leurs revendications, telles Eva Mendes, Michelle Obama ou Penelope Cruz au sujet de la fourrure. À l'instar de Greenpeace, Peta entre en contact avec les entreprises pour les informer des conséquences que leur activité peut avoir sur la condition des animaux. Ainsi, «*une entreprise commercialisant de la fourrure se verra informée de la manière cruelle dont les animaux survivent dans les élevages avant d'être abattus par gazage, électrocution anale, noyade, ou parfois par dépeçage alors qu'ils sont encore vivants*», nous a détaillé Isabelle Goetz, chargée des campagnes Peta France & Europe. C'est ce qui est arrivé à Calvin Klein en 1994, qui a cessé immédiatement de soutenir cette industrie et renoncé à jamais à la fourrure. Une réussite encore valorisée par l'Ong pour convaincre d'autres entreprises de suivre l'exemple.

Il est intéressant ici de constater à quel point les approches de confrontation ne s'érigent pas contre la collaboration : elles s'expriment généralement dans un second temps, si la structure sollicitée refuse de répondre ou de s'engager dans un changement de pratiques. Autant dire que les outils de communication massifs que représentent les réseaux sociaux incitent plutôt à la collaboration aujourd'hui – même si des cas comme celui de Nestlé prouvent que certaines entreprises n'ont pas encore mesuré l'ampleur des révolutions de pratiques à l'œuvre actuellement.

Les approches philanthropiques

Le mécénat est une autre forme de coopération entre les mondes marchand et non marchand. Les approches philanthropiques sont historiquement répandues : l'agence Limite, spécialisée dans les relations Ong-entreprises, estime que la loi Aillagon sur le mécénat (2003) a eu un effet majeur sur le développement, en volume, du mécénat en France. Cette évolution quantitative s'est accompagnée d'une progression qualitative : «*nous sommes passés d'un mécénat "fait du prince" décidé par la présidence des entreprises (une mécénat qui laissait une part belle à la culture) à un mécénat plus stratégique en écho à la stratégie de l'entreprise*» estime l'agence.

D'après l'Association pour le développement du mécénat industriel et commercial (Admical), les entreprises sont de plus en plus nombreuses à s'engager dans le mécénat (27 % des Pme en 2010 - contre 17 % en 2008, et 43 % des grandes entreprises - contre 26 %), mais les budgets ont diminué (moins 20 % entre 2008 et 2010). En 2010, on comptait ainsi 35 000 entreprises mécènes pour un montant total de deux milliards d'euros[146].

Avec le temps, cette philanthropie s'est structurée : originellement conçu dans une tradition chrétienne de compensation, le mécénat devient plus stratégique. Il concilie de plus en plus l'intérêt propre de l'entreprise (et de l'actionnaire) avec l'intérêt général (objectif originel du mécénat), partant du fait que la compétitivité dépend aussi de l'environnement sur lequel le mécénat de l'entreprise agit. Aujourd'hui, le choix des projets s'accorde souvent avec le métier du mécène, de façon à générer de la valeur sociétale tout autant que de la valeur économique.

Chez Ikea, un partenariat a ainsi été instauré avec la Fondation Abbé Pierre pour rénover et réaménager avec ses équipes de décorateurs les lieux d'accueil pour les populations les plus défavorisées, comme les boutiques solidarité, ou les pensions de famille. La Fondation Sncf pour sa part développe du mécénat régional. Les salariés ou retraités Sncf bénévoles peuvent déposer un dossier de demande de soutien à une association dans le cadre des Coups de cœur solidaires, mais les associations peuvent aussi faire une demande selon que leur projet entre dans l'un des trois

146 En premier lieu, les entreprises soutiennent le social, l'éducation et la santé (58 %), puis le sport (48 %), la culture et le patrimoine (37 %), la solidarité internationale (19 %), l'environnement (12 %) et enfin la recherche (7 %).

axes d'intervention de la Fondation Sncf (prévenir l'illettrisme, vivre ensemble et entreprendre pour la mobilité).

Cette évolution est fortement ressentie au sein des associations. Grégory Poinsenet, en charge des relations partenariales à la Fondation Nicolas Hulot, témoigne de l'intensification des échanges impliqués dans les conventions de mécénat : « *Le mécénat existe depuis toujours à la Fondation, mais sa nature a changé : maintenant, nous cherchons à aller encore plus loin dans les accords de coconstruction.* » Une posture également adoptée par le Wwf : la collaboration avec le secteur privé y est « *constructive et pragmatique : elle est à la fois coopérative dans ses méthodes et stimulante dans ses objectifs*[147]. » Pour cela, l'Ong développe des partenariats avec de nombreuses entreprises ayant un véritable potentiel de changement positif – des échanges qui donnent la possibilité de communiquer (raisonnablement) sur le partenariat, de fournir de l'expertise sur les enjeux du développement durable, ou de mobiliser les parties prenantes de l'entreprise.

Pour Jean-François Draperi, spécialiste du monde mutualiste et coopératif, la philanthropie (et notamment la générosité des milliardaires) se différencie de l'économie sociale[148] en ce que son utilité sociale se conjugue à merveille avec le système capitaliste et inégalitaire dans lequel elle s'inscrit. Certes, la philanthropie est toujours préférable à la guerre, mais elle ne permet pas de réduire des inégalités. Cette nuance explique en partie le débat entre *social business* et économie sociale : leur conception du développement sont fort différentes et résumée avec excellence

147 Cf. étude de l'ORSE sur les relations Ong/entreprises (2005).

148 J.-F. Draperi, *L'Économie sociale et solidaire, une réponse à la crise ?* Dunod, 2011

par Herder Camara (qui fut évêque de Recife au Brésil et docteur *honoris causa* des universités de Louvain, Chicago, Amsterdam et Uppsala) avec la remarque suivante: «*Je nourris un pauvre et l'on me dit que je suis un saint. Je demande pourquoi le pauvre n'a pas de quoi se nourrir et l'on me traite de communiste.*»

Nous ne manquerons pas de revenir sur ces nuances un peu plus loin, mais il demeure pour l'instant que plusieurs facteurs expliquent aujourd'hui le besoin ressenti et réciproque de coconstruction. La défiance partagée entre secteur marchand et non marchand est moins importante : à mesure que les entreprises assimilent clairement leur rôle dans l'écosystème environnemental et sociétal s'éloignent les approches de «mécénat chéquier».

Les approches de coconstruction

La collaboration entre Ong et entreprises répond à l'exigence de nouvelles alliances rendues nécessaires par l'ampleur des problèmes sociétaux actuels. Pour favoriser un changement d'échelle et démultiplier l'impact social, il est temps de mettre en commun les innovations du monde économique et financier, des pouvoirs publics et des entrepreneurs sociaux.

Leurs collaborations prennent différentes formes: d'accords de coresponsabilité ponctuels pour réaliser des objectifs globaux à caractères sociaux ou environnementaux[149], à des partenariats d'appui à la Rse ou de collaborations stratégiques, les exemples ne manquent pas.

La collaboration qui nous intéresse plus spécifiquement ici va encore plus loin. Elle concerne essentiellement la mise en œuvre

149 Du type Forums mondiaux de l'eau, au cours desquels Ong et entreprises françaises se regroupent pour proposer la prise en compte du droit à l'accès à l'eau dans la déclaration finale.

de nouvelles filières, dans des logiques de commerce équitable ou solidaire, de projets relevant du *social business* ou d'une logique « à la base de la pyramide ». Dans ce type de cocréation de valeur économique et sociale, Ong et entreprises soutiennent conjointement la production et la distribution de biens et services adaptés aux réalités économiques, culturelles et sociales locales.

Entrepreneuriat social, entrepreneurs sociaux, économie sociale... quelles nuances ?

• *Social business* ne se traduit pas en français par « entrepreneuriat social » (qui se traduit par « social entrepreneurship ») : il qualifie autant la coconstruction entre un porteur de projet et une entreprise désireuse de résoudre une problématique sociale, que la logique de fonctionnement sociale et solidaire qui s'y applique.
• *Les entrepreneurs sociaux* sont des fondateurs d'entreprises d'insertion ou d'associations qui associent une préoccupation économique et un objet social. Fiers de donner un sens nouveau à leur travail, ils s'inscrivent dans la mouvance de l'Ess.
• *L'entrepreneuriat social* est un mouvement de pensée issu du milieu des affaires des États-Unis dans les années 1990. Il est introduit en France par l'association Ashoka en 2004, porté par des acteurs comme l'Essec, l'Association française de Fundraising ou encore le Boston Consulting Group.
• *L'entreprise sociale* est un concept européen né dans les années 1970 essentiellement sous forme de coopératives, puis de sociétés coopératives d'interêt collectif (Scic) et de coopératives d'activités et d'emploi (Cae).
• À l'origine, l'économie est l'ensemble des activités d'une collectivité humaine relative à la production, à la distribution et à la consommation des richesses (Larousse, 2005). *L'économie sociale* a pour objectif de venir en aide aux populations vulnérables. Si le contexte juridique français facilite son déploiement, aux États-Unis, par exemple, le « third sector » est essentiellement soutenu par les citoyens ne bénéficiant pas du même appui des pouvoirs publics mais des fondations privées et leur engagement philanthropique.
• *L'économie solidaire* qualifie l'ensemble d'activités et de services de proximité offrant un travail salarié à des personnes en situation précaire et une occupation bénévole à celles disposant de temps libre, afin de réduire l'exclusion et de contribuer à la cohésion sociale.

La corévolution par le BoP (base de la pyramide)

En s'adressant aux quatre milliards de personnes vivant avec moins de 7 dollars par jour, les initiatives relevant du BoP sont une facette marquante de la corévolution.

Le raisonnement qui sous-tend cette approche[150] est fort simple: les approches traditionnelles du développement ont échoué (des objectifs millénaires du développement[151] aux actions menées par la Banque mondiale, de l'aide publique au développement aux différents dysfonctionnements de certains projets sur le terrain) et les pauvres restent privés d'un accès décent à la satisfaction de leurs besoins de base (alimentation, eau potable, logement, éducation, énergie, mortalité infantile, préservation de l'environnement, etc.).

Mais l'heure n'est plus à l'apitoiement sur le sort malheureux de ces populations: l'offre de services pour les pauvres n'est pas adaptée alors que ce marché possède un fort potentiel. Qui plus est, cela coûte cher d'être pauvre car le coût d'accès aux biens de première nécessité est plus élevé quand le tissu économique est moins dense. Dans ces conditions, pourquoi ne pas développer des relations marchandes adaptées aux besoins de ces populations? Il existe de vrais relais de croissance économique pour les multinationales capables de proposer un prix adapté à ces populations[152].

Appuyons-nous sur plusieurs exemples pour illustrer cette approche. Parmi les plus connus, le travail mené conjointement par Danone et la Grameen Bank (*«banque des villages»*) fondée par Muhammad Yunus, prix nobel d'économie et instigateur

150 Développé par C.K. Prahalad et Stuart L. Hart, *The Fortune at the Bottom of the Pyramid*, 2004.

151 Cf. les huit objectifs sur cette page: www.un.org/fr/millenniumgoals

152 L'exemple le plus cité est celui du marché de la téléphonie mobile.

du microcrédit[153]. L'objectif initial consiste à lutter contre la malnutrition infantile, de créer des emplois et de diminuer la pauvreté. Pour mener ces objectifs tout en réalisant des profits qui seront réinvestis dans l'activité, Grameen Danone Foods produit des yaourts, les Shokti Doi, vendus localement à très bas prix. Développé spécifiquement pour la population locale, le Shokti Doi est testé sur un plan scientifique par l'Ong Global Alliance for Improved Nutrition (Gain). En consommer régulièrement permettrait de pallier certaines carences alimentaires et prévenir les diarrhées, source de mortalité infantile. La production est assurée localement, la Grameen Bank ayant contribué à l'achat de vaches pour produire le lait, au montage de l'usine et à la mise en place d'un mode de distribution adapté. Le premier yaourt a été consommé en 2007[154]. En 2010, il se vendait environ 72 000 pots de Shokti+ par jour et la Grameen Danone Foods Ltd. apportait un complément de revenus à 821 « ladies » (en charge de la distribution), sans compter la création de 177 emplois directs et le travail mené avec 400 micro-fermiers[155].

Autre initiative notoire : le programme Bipbob (Business, Innovation & People at the Base of the Pyramid) développé depuis 2009 par Schneider Electrics pour « donner accès à une électricité propre et sûre à ceux qui en ont le plus besoin ». Sachant que 300 millions de foyers (1,4 milliard de personnes) n'ont pas accès à l'électricité dans le monde et que les dépenses en

153 Le microcrédit permet d'effectuer des prêts de faible montant à des entrepreneurs ou artisans qui ne peuvent accéder aux prêts bancaires classiques. On participe ainsi au soutien de microprojets locaux.
La Grameen Bank a été créée en 1983 par Muhammad Yunus afin de promouvoir le microcrédit au Bangladesh.

154 Pour suivre les résultats de cette collaboration : www.danonecommunities.com

155 Chiffres fournis sur le site de Danone www.danonecommunities.com

énergie représentent plus de 15 dollars par mois pour des familles qui vivent en général avec 2 dollars par jour de revenu, Bipbob entend répondre à trois besoins: développer les équipements adaptés au contexte local, mettre à disposition des ressources financières pour dynamiser la création d'entreprises innovantes dans le domaine de l'énergie, et former les publics jeunes défavorisés ou éloignés de l'emploi aux métiers de l'électricité. Depuis le lancement du programme, plus de 11500 personnes ont été formées, plus d'un million de foyers accèdent à présent à l'énergie et 209 entrepreneurs ont été soutenus[156].

Citons aussi l'exemple de Lafarge, le cimentier français présent dans soixante-dix-neuf pays, 2200 sites et employant 84000 personnes. Dès 2001, l'entreprise a fait le choix de la collaboration comme stratégie d'engagement de développement durable, adoptant alors un fonctionnement décentralisé et une logique de dialogue. En 2007, alors qu'elle était déjà engagée dans des démarches de soutien de l'habitat (notamment avec l'Ong Habitat for Humanity dans neuf pays afin de construire un nombre accru de logements au profit de familles dans le besoin), Lafarge s'intéresse au BoP et commence à la voir cette frange de la population comme une opportunité unique, certes commerciale, pour offrir un accès abordable au logement tout en développant de nouveaux programmes innovants. L'entreprise étend en 2009 son partenariat avec l'Ong Care, avec laquelle elle travaille depuis 2003 pour faciliter la lutte contre le virus du sida. Cette fois-ci, il s'agit non seulement de travailler sur la diffusion des programmes de lutte contre le sida, mais aussi de développer un programme d'accès à un habitat de meilleure

156 Accès à l'énergie pour les communautés, à consulter ici: www2.schneider-electric.com qualité pour des populations pauvres dans les pays émergents. L'initiative pilote est lancée fin 2009 en Indonésie, avec comme axes de travail le développement de l'accès à du microcrédit pour l'amélioration de leur logement, et la formation de maçons en partenariat avec des organismes locaux[157].

Si, dans le cas de Danone, l'approche BoP a été conçue sous la forme d'une co-participation avec la Grameen Bank, les exemples de Schneider Electrics et Lafarge ont été pilotés par leurs filiales, coordonnées par le siège[158].

Et dans les faits, alors?

Les avantages de ces collaborations sont variés. Si les concepts de *social business* et de BoP offrent un cadre propice à la réflexion identitaire que traversent beaucoup d'entreprises, on peut distinguer trois grands types d'effets :

- les **effets stratégiques**: les entreprises solidifient leur positionnement dans un environnement compétitif, le transfert et la mise en commun des ressources les incitent à créer de nouvelles aptitudes, et l'efficience interne de l'organisation est accrue ;
- les **effets médiatiques**: cela permet d'améliorer l'image de l'entreprise, de favoriser les relations en interne parmi les salariés et de stimuler le recrutement ;
- les **effets politiques**: d'une certaine manière, l'entreprise envoie un signe de son engagement social aux autorités locales, et s'insère dans un cadre réglementaire sans ressentir cela comme une contrainte.

157 Pour plus d'informations, www.ong-entreprise.blogspot.com « Le partenariat de Lafarge et Care contre le sida a fait ses preuves ».

158 Cf. la synthèse de la *Gazette de la société et des techniques*, au sujet des grandes entreprises à la base de la pyramide, des promesses à l'épreuve des faits www.annales.org/gazette/2011/

Bien évidemment, certaines entreprises utilisent cette approche pour maintenir leur légitimité sur un secteur d'activité donné, alors que d'autres sont focalisées sur la recherche de nouvelles opportunités commerciales, dans une optique de capture de marché (nécessitant une modification limitée des pratiques de l'entreprise) ou dans une logique de création de marché (l'entreprise adapte alors son offre commerciale et son organisation afin de permettre l'émergence d'un nouveau marché)[159].

Ces différents comportements témoignent de la nouveauté de cette approche : l'idée initiale du BoP était d'adapter le produit et atteindre le consommateur. Dans la pratique, on s'est aperçu qu'il était compliqué de développer un modèle économique en considérant les populations pauvres comme de simples consommateurs, au risque de voir les projets BoP se transformer en projet philanthropique des entreprises. C'est ce qui est arrivé au sachet de traitement de l'eau « Pur » développé par Procter & Gamble pour les populations souffrant d'un manque chronique d'accès à l'eau. Les tentatives de commercialisation ont échoué, donnant naissance à « The children safe water program », une initiative à but non lucratif déployée en Asie et en Afrique. Aussi est-il toujours dangereux de confondre engagement sociétal et business et de revenir aux bons vieux réflexes sous couvert d'action citoyennement engagée.

Plutôt que de chercher à vendre des sachets unidose de savon (Unilever) ou des chaussures de sport (Nike) en centralisant l'attention sur la relation marchande avec les communautés pauvres, il est crucial de participer à leur augmentation de

159 François Perrot, Thèse soutenue en novembre 2011 à Polytechnique, *Les Entreprises multinationales au bas de la pyramide économique : un cadre d'analyse des stratégies.*

revenus. La frontière est mince, parfois, entre la véritable participation à l'amélioration de vie des populations et la nouvelle niche marketing du BoP...

On prend les mêmes... et on reCOmmence ?

Ces nouvelles collaborations sont donc perfectibles : les entreprises changent progressivement leur mode de pensée, elles expérimentent (avec légitimité !) des alternatives à leur marché et se positionnent souvent dans une démarche d'apprentissage. Face à ce constat, d'ailleurs, Stuart L. Hart, co-initiateur du concept BoP aux côtés de J.K. Prahalad, et Erik Simanis ont mis au point le protocole BoP 2.0[160] afin de mieux appréhender la façon dont les populations pauvres et les grandes entreprises peuvent se comprendre et innover ensemble.

Les besoins et les aspirations locales ne peuvent être interprétés de manière étroite, sous l'angle simpliste d'un accès à la consommation qui pourrait résoudre le problème fondamental de la pauvreté ! « *La stratégie BoP de deuxième génération requiert un processus socialement encastré pour une innovation partagée et une cocréation de business.* » Les Ong ne doivent plus servir de médiateurs et d'interlocuteurs entre les communautés pauvres et les entreprises : elles doivent jouer le rôle de passerelles permettant de les associer à équivalence en cocréant des marchés.

160 Traduit par l'Institut de l'innovation et de l'entrepreneuriat social de l'Essec et téléchargeable sur www.iies.fr

Stratégie BoP de deuxième génération	
BoP 1.0	**BoP 2.0**
• La population constituée de consommateurs • Écoute approfondie • Réduction du niveau des prix • Adaptation du packaging et extension du mode de distribution • Des relations de proximité avec la population par l'intermédiaire des Ong	• Une population BoP constituée de partenaires commerciaux • Dialogue approfondi • Développer la créativité • Combiner les compétences, construire un engagement communautaire • Des relations directes et interpersonnelles facilitées par les Ong
« Vendre aux pauvres »	**« Cocréer un marché »**

La différence entre BoP 1.0 et BoP 2.0 - Source: www.iies.fr

Cette cocréation de marché soulève plusieurs questions. Les approches BoP ayant pour ambition de « bien faire en faisant du bien », elles doivent impérativement s'assurer un avenir économiquement durable pour être pérennes. Principale difficulté: comment s'impliquer en profondeur sur le terrain, avec les communautés locales, tout en gérant les contraintes financières et les retours d'investissement à court terme? Pour François Perrot, spécialiste de la stratégie BoP mise en place chez Lafarge, ces projets relèvent bien souvent du laboratoire d'innovations[161]. Arnaud Mourot, directeur général de l'association Ashoka France, souligne à quel point « certaines initiatives peinent à tenir leurs promesses[162]. »

161 « Les BOP et le social business sont des laboratoires d'innovation », *Novethic*, 28 février 2011

162 Pour une économie Hybride », chronique d'Arnaud Mourot, *Le Monde*, 2 mai 2011

Par conséquent, les profits réalisés restent bien souvent trop faibles pour être réinvestis. À ce sujet, le cas d'Essilor (qui a développé la vente de lunettes pour moins de cinq dollars la paire, via une flotte de camionnettes sillonnant les villages indiens), est symptomatique : la faiblesse des marges dégagées n'a pas couvert le coût du capital investi, si bien que l'activité a stagné à une douzaine de camions seulement[163].

Pour assurer la rentabilité, les entreprises doivent donc peaufiner les efforts de recherche et développement afin de faciliter l'accès aux produits pour les populations locales. Il est aussi crucial de bien anticiper les besoins sur le terrain, qui ne se formulent pas forcément en demandes de consommation. Les personnes ayant besoin de lunettes n'en ont pas forcément conscience, il est alors nécessaire de réfléchir à une échelle plus large, en sollicitant peut-être une action publique.

Dans une démarche BoP, il ne faut pas négliger non plus le besoin d'une infrastructure de proximité pour assurer la logistique intermédiaire. Les initiatives doivent donc être lancées dans une démarche d'amélioration permanente en gardant à l'esprit que les financements nécessaires doivent être suffisants (sous peine d'avoir des projets de taille réduite) et que les contextes de déploiement des projets sont fort différents. Si la pauvreté a des visages multiples, une solution efficace en un endroit du monde ne sera peut-être pas réutilisée dans un autre.

Ainsi, les entreprises qui se lancent dans une approche BoP doivent clairement s'intéresser à la nature des marchés et revoir de manière innovante leur organisation. C'est pourquoi elles ont tout intérêt à faire preuve d'humilité : nourrir un rapport dévelop-

163 Stéphane Calpéna, Laurent Guérin et Yves Le Yaouanq, op. cit.

pement durable d'une initiative de ce type ne garantit en rien la responsabilité du projet entrepris.

La mesure de l'impact réel de ces projets constitue un enjeu central : l'Ong Global Alliance for Improved Nutrition (Gain) a récemment validé l'impact positif des yaourts vendus par Danone au Bengladesh[164]. Edf, qui comme Schneider Electrics a lancé des initiatives de type BoP, sait analyser aujourd'hui les effet de l'électrification sur le développement des 200 000 clients qu'ils ont sur ce marché : selon les solutions techniques apportées et les caractéristiques de terrain, leur approche crée de l'emploi ou « ne fait qu'apporter du confort »...

Autant dire que l'immersion sociale totale de l'entreprise sur le terrain doit être absolument soignée et envisagée avec la plus grande précaution pour garantir une approche cohérente et pérenne.

Pour résumer, la véritable démarche de cocréation implique, pour l'entreprise réellement désireuse de s'investir en la matière, d'intégrer dans son approche les aspects anthropologiques, économiques, politiques, tout autant que l'implication de la société civile et de la communauté dans l'usage d'un nouveau service. Tout comme dans l'approche de la consommation collaborative, il s'agit de réfléchir à l'usage avant de se dépêcher de vendre une solution de consommation. Et pour cela, les entreprises ont tout intérêt à adopter une vision transversale et horizontale des marchés qu'elles abordent. Si les grands groupes possèdent les compétences, les finances et l'implantation nécessaires pour agir à cette échelle, la question est surtout de savoir s'ils peuvent devenir des acteurs crédibles du développement. Pour

164 Voir sur le site de www.gainhealth.org

Stéphane Calpéna, Laurent Guérin et Yves Le Yaouanq, « tant que les résultats ne seront pas connus, le BoP et le social business resteront, à l'image de la microfinance, l'expression de bonnes volontés indéniablement utiles à certaines situations individuelles, mais dont l'impact global sur le développement sera, au mieux, incertain[165] ».

À notre sens, les obstacles structurels auxquels se confrontent les grandes entreprises ne peuvent que les inciter à collaborer encore plus largement avec les Ong et les entrepreneurs sociaux : la cocréation est la logique entrepreneuriale de l'avenir.

Et la coopération redevient tendance

On l'a vu, à l'image de la consommation collaborative, les logiques à l'œuvre dans la cocréation ne sont pas nouvelles, mais renouvelées et réactivées par la crise et l'évolution des mentalités.

Aux origines coopératives, sociales et solidaires

Lors de la seconde révolution industrielle, les premières associations ouvrières ont vu le jour pour veiller à la solidarité entre leurs membres. Dans la seconde moitié du XIXe siècle, le mouvement coopératif s'est développé pour faire front au capitalisme, dans une période de crise où, là aussi, furent cherchées des réponses collectives pour protéger les personnes et les biens, assurer les approvisionnements, les financements, les logements, l'insertion sociale, etc.

Le mouvement est théorisé par différents penseurs (Saint-Simon, Fourier, Cabet, et leurs disciples) dont les propos diffèrent essentiellement sur les modalités pratiques, mais qui

165 *La Gazette de la société et des techniques*, op. cit.

ont pour point commun d'être dépassés par la théorie marxiste pour laquelle le sociétariat coopératif est une nouvelle forme de bourgeoisie. Le mouvement se développe alors à l'écart des grands débats de société et reste méconnu du grand public mais revient actuellement sur le devant de la scène de par son injonction à penser différemment le capitalisme[166], en faisant la promotion d'employés-actionnaires (un groupe comme Chèque Déjeuner ou la société Mandragon, pour ne citer que les plus connus), de clients-sociétaires (dans le cas du Crédit coopératif ou du Crédit mutuel), ou bien encore d'entrepreneurs-salariés (dans les Coopératives d'activité et d'emploi comme coopaname par exemple).

Il en va de même pour l'économie sociale et solidaire (Ess) : ses valeurs sont historiquement ancrées dans une vision alternative et coopérative. Longtemps considérée – à tort – comme une économie « réparatrice », elle commence à gagner ses lettres de noblesse. Ses principes de solidarité, d'égalité et de liberté rassemblent des structures qui se définissent, par leurs statuts, comme des regroupements de personnes (et non de capitaux) porteuses d'un projet collectif. Aujourd'hui, l'Ess assure en France 9,9 % de l'emploi avec 2,3 millions de salariés répartis dans 215 000 établissements[167]. En France, on compte 21 000 entreprises coopératives qui comptabilisent près d'un million de salariés[168]. Malgré la crise économique, ces entreprises sont deux fois plus créatrices d'emplois que le reste du secteur privé. L'ensemble

166 Cf. les nombreux ouvrages de J.-F. Draperi à ce sujet; ainsi que *Entrepreneurs en coopérative, Société d'avenir,* par Olivier Jouan, éditions Port Parallèle.

167 Dans le monde, les coopératives représentent près d'un milliard de membres et 100 millions d'emplois.

168 Cf. *L'Atlas commenté de l'économie sociale et solidaire,* 2012.

de ces initiatives renforce l'idée selon laquelle les entreprises peuvent avoir une «finalité sociale» dont le succès ne se mesure pas à l'argent généré mais à l'impact effectif de transformation sociétale et de démocratisation de l'économie.

Entrepreneuriat social : des points de discorde ?

Cette logique est actuellement reprise par l'entrepreneuriat social, qui entend la renouveler en prouvant qu'un changement économique et social d'ampleur est possible. Claude Alphandéry, le président du «Labo de l'économie sociale et solidaire», parle d'ailleurs à ce sujet d'«un double mouvement de convergence entre, d'une part, les formes d'initiatives associatives ou entrepreneuriales à finalité sociale et non lucrative, et, d'autre part, entre les projets de différentes natures environnementaux, de justice sociale et d'innovation sociale[169] ». Pour cela, ses acteurs regroupés au sein du Mouves (Mouvement des entrepreneurs sociaux) entretiennent des relations privilégiées avec les grands groupes et le «monde des affaires». Leur dynamisme et leur communication séduisent, ce qui n'est pas sans poser problème aux puristes de l'Ess : comment changer le monde et aller contre les logiques capitalistes si l'on ne se défait pas des techniques de marchandisation par une approche business, en recherchant des positions dominantes, en assumant une communication et un lobbying puissants et décomplexés ? Le changement mondial peut-il se résumer à un transfert d'argent des mains des plus puissants vers les plus pauvres[170] ? N'est-il pas nécessaire de réellement questionner les modalités de redistribution de la richesse ?

169 Cité par Anne Rodier et Adrien de Tricornot dans *Le Monde* du 3 mai 2011 à l'occasion du forum Convergences du 3 au 5 mai 2011 à l'Hôtel de Ville de Paris.

170 Ces questions sont largement abordées par J.-F. Draperi.

Autant d'interrogations qui incarnent, à nos yeux, le besoin de cocréer avec un état d'esprit réellement coopératif. Les entreprises doivent dépasser la notion de « responsabilité sociale », de philanthropie et de développement durable pour entrer dans l'ère de la « valeur partagée » et intégrer dans leur Adn une compréhension subtile de leur environnement sociétal[171]. On touche ici à la question de l'utilité sociale des entreprises et à la façon dont notre société peut reposer sur un fonctionnement autre que celui promu par le capitalisme et les références constantes au taux de croissance[172].

---

171 « Creating shared value », Michael E. Porter et Mark R. Kramer, *Harvard Business Review*, janvier 2011. Le chapitre 4 reviendra plus en détail sur ces mutations.

172 L'Avise, en France, est l'un des fers de lance de la réflexion sur l'utilité sociale www.avise.org. Les travaux menés par le collectif Fair (Forum pour d'autres indicateurs de richesse) pose aussi indirectement cette question.

Entrepreneuriat social	Économie sociale
Action d'un entrepreneur	Action collective (l'innovation découle de la coopération entre plusieurs individus)
Système de concours et de prix pour pour détecter les qualités de personnes à intégrer dans les réseaux	Des élections fédèrent les membres selon le principe « une personne, une voix »
L'entrepreneuriat social émane de grandes entreprises capitalistes, de cabinets de consultants, de philanthropes et d'écoles de commerce	L'Ess émane des classes populaires et moyennes, de petits entrepreneurs ou d'agriculteurs qui se réunissent, de militants de l'éducation poulaire, de l'action sociale et culturelle, etc.
Centré sur une finalité sociale ou environnementale	L'Ess ambitionne d'intervenir dans toute l'économie
Une finalité humanitaire, au bénéfice d'une population pauvre ou démunie	Une finalité humaniste, d'émancipation ou d'accomplissement d'acteurs participants
Pas d'attention particulière aux statuts	Les statuts des groupements de personnes sont des acquis sociaux nécessaires (mais insuffisants) pour garantir la possibilité d'entreprendre sans constituer une société de capitaux
L'entreprise est vue comme un contrat en accord avec la théorie des parties prenantes	L'entreprise est conçue comme une institution sociale
Les entrepreneurs de l'entrepreneuriat social sont reliés aux grandes sociétés de capitaux et à leurs fondations par un soutien financier, en gestion ou en communication	L'Ess offre un cadre aux petites comme aux grandes entreprises, ses partenariats privilégiés sont les petites entreprises, les collectivités publiques, les syndicats
Logique pyramidale cocréative	Logique collaborative reposant sur un esprit collectif

D'après J.-F. Draperi, *L'économie sociale et solidaire, une réponse à la crise ?*

En somme, le cadre coopératif de l'Ess a été conçu afin de changer le monde, en dessinant un socle de valeurs qui garantissent l'esprit collaboratif et solidaire des initiatives engagées. Ce socle définit un cadre et des statuts que ne possède pas (encore ?) l'entrepreneuriat social : l'esprit cocréatif de ce dernier, certes présent, n'engage pas une corévolution aussi puissante du système dans lequel il prend place.

Quelles sont les conditions d'une cocréation réussie ?

Toutes les démarches de coconstruction ne sont pas éthiques et toutes les initiatives ne respectent pas les valeurs premières des penseurs de l'économie sociale et solidaire. Dans cette phase d'émergence et de diffusion de ces nouvelles façons d'agir, il est encore délicat, parfois, de saisir avec précision l'impact de la cocréation sur la société.

À l'origine, la confiance…

Plusieurs questions doivent être posées avant de se lancer dans ce type de collaboration. Les divergences de fond restent toujours un peu de mise entre les différents acteurs, avec une méfiance quasi-instinctive entre structures marchandes et non marchandes : il est donc nécessaire de décloisonner les approches respectives et de lever les doutes sur les intentions et intérêts de chacun.

Le degré d'implication de chaque partie prenante s'estime selon les contributions envisagées par chaque partenaire : les acteurs de terrain (Ong ou entrepreneurs sociaux) possèdent des connaissances spécifiques qui peuvent être complétées par le travail et les compétences de l'entreprise. Les rôles de chacun étant susceptibles d'évoluer au cours de la collaboration, le pilotage de projets mis en œuvre doit être souple et adaptable – ce qui implique, naturellement, une confiance solide entre les interlocuteurs, et donc une bonne entente et connaissance réciproque des acteurs engagés. Il est nécessaire, pour cela, de partager une vision commune, de créer conjointement les programmes et d'instaurer des processus intentionnels d'apprentissage.

Sans prendre ces quelques précautions, les parties prenantes risquent de se heurter à des écarts de perception, à des risques d'image et de dépendance. Les associations, notamment, sont soucieuses de ne pas « perdre leur âme » et de rester cohérentes avec leur raison d'être. Une étude réalisée par l'Ifop pour le Wwf en avril 2009 révèle d'ailleurs que 63 % des Français estiment que les associations environnementales risquent de perdre leur indépendance et leur liberté de jugement en s'associant de trop près avec des entreprises.

Les entreprises, de leur côté, soulignent à quel point ces démarches permettent de sensibiliser les salariés. Pour Pascal Tanchoux, directeur de la communication de Kraft Foods France, la collaboration avec Rainforest Alliance pour la certification du café et du cacao, « *a permis en interne une focalisation sur la protection de la biodiversité* ». Marie Balmain, responsable du développement durable chez Pierre & Vacances, assure aussi que les salariés adhèrent massivement au message délivré par leur Ong partenaire, Wwf[173].

La qualité de la relation ainsi cocréée dépend des motivations réelles et de la synergie positive entre les deux parties. Pour cela, l'implication des dirigeants dans la mobilisation des équipes témoigne de la sincérité de l'engagement. Les échanges d'infor-

173 Interview effectuée par Rouba Namann, « Ong-entreprises, des relations constructives ? », *Novethic*, 9 octobre 2008.

mations et les rencontres formelles et informelles répétées entre les membres du projet garantissent, bien souvent, la réussite des projets.

Prendre le temps...

C'est pourquoi il est indispensable d'intégrer, dès le départ, la notion de durée dans la démarche : la cocréation passe par un temps long composé d'une période d'apprentissage et d'instauration de relations de confiance, de complémentarité, de reconnaissance de convergences, d'échanges de savoir-faire, de réciprocité et de fiabilité. Ce délai est indispensable pour faciliter la compréhension mutuelle des deux partenaires et pour évaluer les progrès réalisés dans ce partenariat : en précisant les termes de la collaboration du départ, en ciblant convenablement l'action locale, en entretenant une proximité géographique, en assurant la transparence du cadre financier, de l'organisation et des échanges de savoir-faire, la coconstruction met toutes les chances de son côté[174].

Dans les approches BoP 2.0, ce temps de compréhension et d'assimilation est fondamental : sans cela, comment se confronter aux difficultés rencontrées par les populations locales autrement ? D'autant que l'expression d'un besoin ne se traduit pas toujours par une demande : les utilisateurs ne sont pas forcément les acheteurs des solutions proposées, il faut donc trouver des aides financières pour leur faciliter l'accès aux biens et services

174 Le chapitre 4 revient plus en détail sur la mobilisation interne des organisations à des fins collaboratives. Pour aller plus loin sur les conditions de réussite entre Ong et entreprise, cf. l'étude de Be-Linked pour Coordination Sud et le Medef.

proposés[175]. Passer du temps sur le terrain permet d'anticiper cet accès au produit : des relais locaux peuvent expliquer l'utilité du bien ou service proposé et favoriser ainsi son adoption future par la communauté.

Respecter le temps long, c'est être réceptif à l'expérimentation et à la créativité. C'est comprendre, aussi, que ces approches ne peuvent tout résoudre par elles-mêmes. Comme le soulignent les travaux effectués par l'économiste Esther Duflo[176], la réponse à un défi comme celui de la santé passe par la création d'une demande pour des services préventifs (vaccins, lutte contre le sida, etc.). Pour cela, il est nécessaire de rendre ces services gratuits en sollicitant des subventions, voire en l'associant à un autre service : dans certains pays en développement par exemple, on observe une hausse dans des taux de vaccination quand le geste médical est associé à la distribution de nourriture (tel un plat de lentilles[177]).

Ne pas oublier la chose publique !

Si le contexte politique de certains pays en développement ne permet pas toujours la mise en place d'un cadre favorable aux démarches coconstructives, il demeure que les entreprises doivent maintenir la qualité de leurs relations dans les lieux où elles s'impliquent. Dans ces circonstances, la transparence optimale est de mise !

175 Ces mises en garde sont tirées d'une intervention du Pr Shyama Ramani lors du Forum Convergences 2015 qui a eu lieu en mai 2011 à Paris.

176 *Le Développement humain* et *La Politique de l'autonomie*, éditions du Seuil, collection « La République des idées ».

177 Un kilo de lentilles multiplie par sept le taux de vaccination.

Dans les pays plus développés, il est tout aussi crucial que les démarches de coconstruction intègrent des acteurs publics. Pour 83 % des Français interrogés dans l'enquête Ifop/Wwf, c'est l'évolution de la réglementation qui fait changer les entreprises. D'aileurs, la sensibilité environnementale des Français n'a que peu d'impact sur leur changement de pratiques : c'est l'instauration de politiques publiques fortes et le passage à l'acte répété qui font évoluer les pratiques[178]. C'est pourquoi il est aussi crucial que les démarches de coconstruction intègrent des acteurs publics. Brendan Catherine en témoigne : responsable du plan climat-énergie de Rennes Métropole, il reconnaît à quel point la mobilisation « *dépend plus de conditions structurelles (urbanisme, réseaux de transport, formes urbaines par exemple) que de la sensibilité de chacun* ».

De même, la norme sociale et les marqueurs sociaux partagés dans une communauté sont prépondérants : la mobilisation personnelle prend alors tout son sens quand elle s'inscrit dans un cadre collectif. Les dispositifs mis en place par les collectivités facilitent l'adoption de nouvelles pratiques : des citoyens associés aux politiques de progrès durable (la mise en place du tri sélectif par exemple) deviennent acteurs du changement. Les impliquer dans une démarche collective fait évoluer leur perception individuelle tout en modifiant la norme sociale. Si nous développons plus en détail les éléments de mobilisation personnelle dans le chapitre 4, ces exemples montrent à quel point l'action collective et coconstructive est aujourd'hui indispensable pour faire avancer les solutions durables.

178 À ce sujet, voir l'étude effectuée par l'Observatoire du bilan carbone des ménages en mars 2011 www.greeninside.fr

En redonnant du sens au cœur de métier des entreprises, au cœur des organisations et des territoires, la coconstruction marque définitivement l'entrée dans une nouvelle ère du développement durable. Voyons maintenant comment cette logique s'applique dans des secteurs concurrentiels, où les prédispositions à la collaboration sont moins évidentes.

chapitre 3

DE LA COMPÉTITION À LA COLLABORATION RADICALE

«Le vrai succès dans le business vient quand vous faites le jeu, et non quand vous jouez à celui qui est proposé.»

Nalebuff et Brandenburger

Avez-vous déjà entendu parler de collaboration radicale? Le terme vient des États-Unis et nous l'avons croisé pour la première fois dans un article paru en 2009 sur le site Worldchanging: à l'époque, plus de 55000 organisations environnementales à but non lucratif sont déclarées aux États-Unis, et bien plus encore d'entreprises vertes, cherchant toutes à obtenir le soutien de consommateurs responsables. C'est dans ce contexte que trois dirigeants d'entreprises concurrentes engagées dans le secteur des technologies mobiles vertes (GenGreen, 3rdWhale et Creative Citizen) décident d'adopter un nouveau modèle et de commencer une «collaboration radicale» afin de partager leurs idées et leurs ressources pour générer un changement durable à large échelle: *«Pourquoi réinventer la roue et travailler dans un rapport de force alors que nous partageons la même conviction au sujet de la nécessité et de l'urgence écologique ?»* interrogent-ils, estimant qu'il n'y a plus de temps à perdre dans une vaine concurrence. Il est largement préférable de «*travailler en bonne intelligence*[179] ».

La collaboration radicale est très répandue aux États-Unis et décrit une variété de phénomènes, allant de la participation à Wikipedia à la coopération interdisciplinaire dans le domaine académique[180]. Dans le monde des affaires, elle désigne surtout les alliances créées dans un groupe d'organisations concurrentes ou présentes sur un même secteur afin de résoudre un problème de concert. Certains estiment aujourd'hui que ce type de pratiques est fort utile dans le cadre de problématiques soulevées par le développement durable.

Cette idée se situe ainsi dans la continuité des logiques que nous avons décrites jusqu'ici et pose la question du devenir des relations entre organisations antagonistes, non plus pour des questions de positionnement marchand / non marchand ou de considérations idéologiques, mais du fait de leur posture mutuelle sur un même marché. Les composants de notre fameux «terreau fertile» (mentalité 2.0, développement durable, crises systémiques, etc.) favorisent l'apparition de logiques que nous allons détailler comme la «coopétition» et l'«innovation ouverte» au service d'un développement durable 2.0.

La fin des rapports de force ?

Qu'on ne s'y trompe pas: une concurrence dynamique forme la pierre angulaire des économies modernes. Elle pousse la

179 «Radical collaboration», septembre 2009, www.worldchanging.com

180 La logique académique est formidablement décrite par James Surowietski dans *La Sagesse des foules,* éditions J.-C. Lattès, 2008.

créativité, bouscule le jeu des marchés, maintient les entreprises dans une forme d'agilité constante, garantit aux consommateurs des produits de meilleure qualité au meilleur prix.

Mais la concurrence est tout aussi bénéfique que mortelle. Au sein d'économies en mutation constante, la création de valeur est elle aussi constamment changeante : elle « migre » de plus en plus vite d'un modèle économique devenu obsolète à un autre mieux calibré pour satisfaire les besoins des clients. Comme le jeu des marchés reste mouvant, certains aspects de la concurrence sont rapidement dépassés, les entreprises doivent constamment revoir le champ de leurs activités, et développer une véritable agilité compétitive.

Le paradoxe de la concurrence

Dans la *Richesse des nations* décrite par Adam Smith, la concurrence permet d'élever le niveau de vie de toute une société. Avec sa théorie, l'économiste réussit à déjouer les appels pour une réglementation accrue du commerce et prépare le terrain pour les grandes conquêtes de la révolution industrielle. Près de 150 ans plus tard, Joseph Schumpeter ajoute une touche mémorable aux idées de Smith, quand il décrit comment la concurrence crée un cycle de « destruction créative » qui ne cesse d'apporter de nouveaux produits et de meilleure qualité dans un marché devenu compétitif.

Depuis, la croyance dans les nombreuses vertus de la concurrence acharnée est profondément ancrée dans les logiques de marché. Nombreux sont ceux qui voient le monde des affaires comme un champ de bataille ou un terrain de sport, un jeu de « dupes ou de gros bras » où l'on ne gagne que par des conflits féroces et implacables.

Or, comme le laissaient entendre Adam Smith et ses disciples, dans certains cas la concurrence effrénée peut causer beaucoup de tort, sans générer de « destruction créative », mais de la destruction tout court.

Lorsque les entreprises s'affrontent de manière trop agressive, elles finissent par perdre beaucoup d'argent et affaiblissent la structure même de leur propre marché. En recentrant la concurrence sur les domaines qui importent vraiment, elles préservent la création de valeurs (économique bien sûr, mais aussi écologique et sociale). C'est le grand paradoxe de la concurrence: en la réduisant de manière intelligente et de manière concertée dans des espaces « inutiles », elle peut être renforcée dans des espaces de marché qui offrent le plus de bénéfice au bien commun.

Nous avons besoin de revenir à une vision plus équilibrée de la concurrence et donc à une meilleure appréciation du rôle de la collaboration dans la genèse et le maintien d'une économie saine.

La fin des conflits, ça rapporte !

Se disputer coûte cher. À lui seul, cet argument devrait convaincre plus d'une organisation à maintenir des relations cordiales avec ses interlocuteurs. Pour preuve, une étude menée par le chercheur américain John W. Henke: d'après ses calculs, le coût engendré par l'ensemble des conflits inter-entreprises connus en France s'élèverait à 50 milliards d'euros soit 2 % du Pib[181].

Pour Jim Tamm, spécialiste américain d'un ouvrage de référence sur la collaboration radicale[182], les comportements collaboratifs permettent de mieux gérer les situations de conflit

181 « Le coût des conflits entre entreprises est estimé à 50 milliards d'euros », *La Tribune*, 3 janvier 2012.

182 *Radical Collaboration*, James Tamm et Ronald J. Luyet, Harper & Collins, 2004.

et d'améliorer la recherche de solutions. Le programme qu'il a élaboré originellement pour l'État de Californie et la Hewlett Foundation s'est montré fort efficace sur ce point: sur 100 organisations identifiées comme vivant dans un climat d'adversité, le taux de conflit a baissé de 67 % sur trois ans[183]. Comprenez ici qu'une entreprise qui assure un éco-système collaboratif gagne sur tous les fronts : relations de confiance accrues avec ses partenaires, plus grande innovation, profitabilité assurée, implication plus forte dans les projets, plus grande réactivité, etc.

Si certaines initiatives telle b2b-en-trade.com entendent développer la logique de la consommation collaborative aux entreprises par le biais d'un système de courtage et de bourse aux échanges inter-entreprises, cette évolution ne fait que refléter la face immergée d'un iceberg sur lequel se greffent des exemples de plus en plus nombreux.

Aux États-Unis et dans plusieurs pays occidentaux ayant intégré le concept, la collaboration entre entreprises concurrentes est utilisée dans de multiples secteurs, que ce soit dans le domaine de la santé (Hôpital catholique de Sierra Nevada), dans l'industrie lourde (Boeing Leadership Center), dans le secteur militaire (ministères canadien et américain de la Défense), l'éducation supérieure (Programme de management international à l'école de commerce de Stockholm), les organisations travaillant dans les hautes technologies (Programme de formation de la Nasa), l'industrie pharmaceutique (Pfizer), l'électronique (Sony Ericsson), les institutions du secteur public (l'autorité de gestion environnementale suédoise) ou bien encore les organisations internationales (Bureau des services de surveillance des Nations-Unies).

183 www.radicalcollaboration.com

Des logiques qui se renforcent

La collaboration radicale s'accorde à merveille avec les logiques nécessaires au développement durable. Le besoin d'investissements et d'innovations nécessaires pour pallier l'urgence climatique offre à la pratique de coopétition un cadre d'expression idéal.

Plusieurs exemples en témoignent. En mars 2011, plusieurs multinationales américaines (parmi lesquelles de grosses pointures comme Coca-Cola, Colgate-Palmolive, Dow Chemical, Kellogg Co., Procter & Gamble, Tetra Pak, etc.) ont annoncé la création d'Ameripen (American Institution for Packaging and the Environment[184]), une organisation ayant pour objectif de coordonner les efforts environnementaux de l'industrie de l'emballage[185]. Au Royaume-Uni, c'est l'Incpen[186] (Industry Council for Packaging and the Environment) qui, depuis 1974, affiche une telle ambition, accompagnant ses membres sur les voies de l'emballage responsable – même si les effets sont plutôt modérés (seuls cinq membres ont fourni des informations chiffrées lors de leur dernière enquête, en août 2010, signalant une baisse de 7,7 % en moyenne depuis 2006 de la quantité d'emballages utilisés[187]).

Autre exemple : en janvier 2010, lors du forum économique mondial de Davos, Nike, Creatives Commons et Best Buy ont annoncé la création de Green X Change, une plate-forme permettant aux sociétés qui le souhaitent d'investir ensemble dans le partage d'innovations au service du développement durable. Pour cela, Green X Change s'appuie sur les licences

184 www.ameripen.org
185 www.smartplanet.com
186 www.incpen.org
187 www.incpen.org

développées par l'organisation à but non lucratif Creatives Commons qui s'inspire de la philosophie des logiciels libres et des applications open source pour proposer des licences alternatives au droit d'auteur. Les personnes qui ne souhaitent pas protéger leurs œuvres en utilisant les droits de propriété intellectuelle standard de leur pays peuvent choisir une licence Creatives Commons, reconnue comme outil juridique garantissant la protection des droits de l'auteur d'une œuvre artistique et la libre circulation du contenu culturel de cette œuvre[188]. De fait, Green X Change offre aux compagnies innovantes la possibilité d'émettre des licences et de faire bénéficier d'autres entreprises d'une recherche brevetée. Le détenteur du brevet détermine les termes d'utilisation, créant un contrat que les parties intéressées acceptent avant d'accéder à l'information. Cela lui permet de protéger l'information sensible en décidant du type d'entreprises pouvant y accéder. Il peut aussi déterminer un coût d'utilisation. Les fonds générés sont censés ensuite fournir un flux de revenus pour financer d'autres recherches.

La logique de cette initiative est franchement intéressante : si les entreprises concurrentes partagent rarement leur R&D (recherche et développement), des sociétés opérant dans des domaines très différents peuvent bénéficier d'une même recherche sans que cela représente une menace (une innovation de Nike peut servir une compagnie de transport routier). Mais les entreprises concurrentes ont tout intérêt à collaborer sur des recherches parallèles destinées à défendre un objectif commun et pour lequel elles sont toutes concernées, telle la réduction de l'impact environnemental ou social de leur activité (on se prend

188 Pour en savoir plus : www.creativecommons.fr

à rêver de Nike, Puma et Reebok collaborant sur des modèles respectueux de l'homme et du vivant…). Le double avantage? C'est que des résultats plus performants peuvent être atteints plus rapidement en collaborant !

Les initiateurs de Green X Change aimeraient d'ailleurs que ce système devienne un outil indispensable dans l'application des résultats de R&D dans l'industrie, pour identifier les recherches qui se superposent, et là où elles manquent. Si le projet est encore naissant, ses effets potentiels sont gigantesques: la plate-forme pourrait devenir une formidable base de données d'innovations partagées, une belle illustration d'une nouvelle manière de réfléchir aux initiatives durables, dans une perspective réellement participative[189].

Si ces regroupements sont intéressants au premier abord, il est nécessaire d'y apporter des nuances: de tout temps les compétiteurs ont su former des alliances pour répondre à des objectifs de survie économique, de positionnement concurrentiel ou par pur intérêt stratégique. S'agissait-il déjà de collaboration radicale? De coopétition? Les logiques compétitives et coopératives sont-elles antinomiques? Essayons d'y voir plus clair.

Compétition, coopération, coopétition… kezaco?

Le mot «compétition» vient du latin *competere*, «s'efforcer ensemble à, chercher ensemble», il est donc utile de revenir aujourd'hui aux origines du terme pour comprendre qu'il n'y avait pas au départ de notion d'adversité ou de rudesse réciproque et peu encourageante entre entités concurrentes. Or, l'économie

189 www.greenxchange.cc

classique ne donne de légitimité qu'au paradigme « concurrentiel » et à l'« hypercompétition » : seul l'avantage compétitif est créateur de valeurs, en clair c'est en cannibalisant les autres entités présentes sur le marché que l'entreprise peut survivre. Ce paradigme concurrentiel classique, où la rivalité est reine, est la seule condition à même d'assurer la compétitivité de long terme[190]. Inutile, dans ces conditions, d'envisager à un seul moment de coopérer avec d'autres : cela pourrait être interprété comme une entente faussant le jeu concurrentiel !

Aux origines de la coopétition

Mais cette donne a changé dans les années 1980, alors que se multiplient les accords de coopération entre firmes rivales : le développement des alliances stratégiques, la culture des réseaux et le travail sur des stratégies collectives ont le vent en poupe. On estime que les comportements coopératifs créent des avantages relationnels et donnent accès à de nombreuses ressources. De quoi considérer les relations de concurrence d'un autre œil, au point de voir apparaître le terme de « coopétition » (mot-valise alliant compétition et coopération) pour la première fois dans les années 1990, dans la bouche de Ray Noorda, le fondateur de la firme Novell. Le concept a ensuite été largement popularisé avec la publication, en 1996, par Nalebuff et Brandenburg, d'un ouvrage devenu best-seller, *La Coopétition, une révolution dans la manière de jouer concurrence et coopération*.

Trois raisons majeures expliquent le recours à la coopétition : les coûts de recherche et développement (R&D), la baisse de la durée des cycles de vie des produits et la convergence techno-

190 Porter M., *Choix stratégiques et concurrence*, Paris, Economica, 1982.

logique. Si la première raison est la plus évidente en raison des coûts nécessaires à la recherche, la seconde peut clairement être un argument de collaboration en prise avec le développement durable : pourquoi ne pas s'allier pour développer des produits de durée de vie plus longue ? Plutôt que de chercher à réduire les temps de développement, il s'agit là d'innover en inversant l'obsolescence programmée des produits. Enfin, la convergence des produits qui peuvent à présent être utilisés dans de nombreux supports par exemple, les éléments d'une tablette tactile, d'un smartphone, d'un téléviseur et d'un Pc – méritent des collaborations inter-sectorielles, mais aussi concurrentielles (à quand des chargeurs de téléphones ou d'ordinateurs similaires pour toutes les marques ?).

Naturellement, les premières analyses de la coopétition eurent tendance à l'adosser à la compétition : les alliances observées deviennent des exemples coopétitifs, et les premiers travaux analysent ces nouveaux comportements sous le prisme de la confiance et de l'opportunisme. L'apport de Nalebuff et Brandenburg est intéressant dans leur manière de considérer les avantages de l'utilisation simultanée de compétition et de coopération : la coopération avec les fournisseurs, les clients et les entreprises offrant des produits ou services similaires peut engendrer une expansion du marché et mener à de nouveaux partenariats, voire à de nouvelles formes d'entreprises. Leur démonstration repose sur la théorie des jeux, une forme de mathématiques appliquées[191] qui permet de prendre une décision (individuelle ou collective) en anticipant le comportement des autres joueurs. Leur démonstration repose dans un premier temps sur l'analyse du « réseau de valeurs », une étape permettant

191 Développée par le prix Nobel d'économie Oskar Morgenstern.

d'identifier les joueurs et leurs interdépendances. Une fois cette carte établie, il s'agit de changer le jeu en prenant en compte la posture des autres joueurs, les valeurs ajoutées, les lois, les tactiques et les champs de déploiement du jeu[192].

D'autres travaux effectués par la suite ont complété cette approche : certains[193] approfondissent l'analyse en s'intéressant aux comportements de recherche de revenus et identifient quatre types d'entreprises : de la firme « monopolistique » qui n'envisage ni comportement agressif ni comportement coopératif, à la firme « coopérative » en passant par celles ayant des comportements compétitifs agressives envers ses concurrents, et celles optant pour des « relations syncrétiques » et coopétitives composées d'agressivité et de coopération.

D'autres études[194] privilégient pour leur part une analyse fondée sur la théorie des réseaux : les entreprises choisiraient leurs modes relationnels selon leur position relative sur le secteur et leur besoin en ressources extérieures. Il en découlerait quatre modes relationnels : la coexistence, la compétition, la coopération et la coopétition. Ici, les entreprises en situation de coopétition collaborent sur certaines de leurs activités tout en maintenant leur compétition sur d'autres.

Enfin, certains travaux modélisent aussi les cas de coopétition selon le nombre de parties prenantes (deux ou plus) et le nombre d'activités de la chaîne de valeur.

---

192 Méthode Parts, pour apprendre à réfléchir « entre les lignes », www.mayet.som.yale.edu

193 Lado, A. A., Boyd, N. G. et Hanlon, S. G. (1997), « Competition, cooperation and the search for economic rents: A Syncretic Model », *Academy of Management Review*, vol 22, n°1, p 110-141.

194 Bengtsson, Maria et Kock, Sören (1999), « Cooperation and competition in relationships between competitors in business networks », *Journal of Business and Industrial Marketing*, vol. 14, n°. 3, pp. 178-194.

Le B.A.-BA coopétitif

Dans une approche coopétitive, il est essentiel de veiller au partage des efforts et des ressources afin d'atteindre un objectif commun. Les gains bénéficiant à tous, ils sont répartis de manière concertée. Si certains estiment que la coopétition peut se développer au sein d'un secteur ou chaîne de valeur donnée, d'autres préfèrent la cantonner à des relations entre concurrents directs. Prenons Intel par exemple, le fabricant de puces pour microprocesseurs. La firme se situe dans la même chaîne de valeur que Microsoft : alors que les deux firmes ne sont ni concurrentes ni prestataires l'une de l'autre, l'évolution des logiciels développés par Microsoft a un impact direct sur les besoins de capacité et de puissance de calculs fournis par Intel. De même, de nombreux logiciels libres (Apache, Noyau Linux, etc.) sont financés par des entreprises concurrentes : Google, par exemple, fait partie des financeurs majoritaires de la fondation Mozilla qui développe le navigateur internet open source Firefox. En agissant de la sorte, Google participe à la déstabilisation des navigateurs Internet Explorer (Microsoft) et Safari (Apple). La multinationale promeut aussi indirectement l'usage des services qu'elle développe (Gmail, Google Doc, Google Agenda, Picasa, etc.) tout en faisant la promotion de son modèle économique (la vente de publicité sur des mots-clés en ligne).

Dans d'autres situations, les firmes ont recours à la coopétition afin de réaliser des économies d'échelle : savez-vous par exemple que Psa et Fiat partagent une filiale commune depuis 1978 ? La Société européenne de véhicules légers, répartie sur deux sites : en France à Hordain, près de Valenciennes, et en Italie à Val di Sangro, au sud de Pescara. Ces deux usines produisent d'une part des monospaces (Citroën C8, Fiat Ulysse II, Lancia Phedra,

Peugeot 807) et des utilitaires légers Fiat Scudo, Citroën Jumpy et Peugeot Expert), et d'autre part des véhicules utilitaires (Citroën Jumper, Fiat Ducato II, Peugeot Boxer)[195]. Des véhicules qui se ressemblent autant qu'ils s'assemblent... ensemble, donc!

Précisons d'emblée que certains types d'organisations se rapprochent de la coopétition : les pôles de compétitivité ou clusters qui regroupent et associent, sur un territoire, des entreprises, équipes de recherches, consultants, financiers, professeurs, étudiants, etc. « *Le modèle mythique est la Silicon Valley, où un professeur de l'Université de Stanford prend le café du matin avec ses doctorants, déjeune avec un dirigeant de start-up et dîne avec un capital-risqueur, avant d'aller boire un verre avec un avocat d'affaires. L'objectif est de tisser des liens grâce à la proximité et de multiplier les contacts utiles au développement des affaires* », explique avec justesse le journaliste Marc Mousli dans un article paru dans *Alternatives Économiques*[196]. Le pôle met alors de « l'huile dans les rouages » pour coordonner la collaboration entre les membres, et ce par la diffusion d'un annuaire, l'organisation de rencontres, la mise en place de partenariats, l'aide à l'obtention de subventions, de concours, une communication globale, etc.

Notons aussi l'existence d'autres formes de coopétition : certaines configurations de marché permettent aux concurrents de jouer franc jeu alors que d'autres circonstances vont tendre les relations et précipiter des regroupements de survie, afin d'être plus solides dans l'adversité. C'est le concept de la « carte d'infidélité » (*disloyalty card*). L'idée a été lancée fin 2009 à Londres

195 À ce sujet, voir l'article de Marc Mousli dans *Alternatives économiques*, Dossier Web #55 et la page wikipedia sur la Sevel.

196 Marc Mousli dans *Alternatives économiques, ibid.*

par le Prufrock Coffee: en proposant à ses clients une telle carte, le patron leur offre la possibilité de faire le tour de plusieurs établissements concurrents. Une fois la carte remplie, le consommateur «infidèle» peut revenir au Prufrock pour y déguster un café gratuit! En juillet 2010, 6000 cartes de «déloyauté» avaient été distribuées, obligeant les patrons à assurer la qualité de leurs cafés! Depuis, l'idée a été reprise à Toronto et Seattle, toujours dans cette optique d'inciter les clients à fréquenter régulièrement une enseigne tout en leur donnant l'habitude d'aller boire un café autre part, chez les concurrents. Ici, les cafés regroupés mettent en avant un «intérêt commun» pour que chacun tire profit d'un afflux plus important de clients: les consommateurs peuvent forger leur opinion sur le «bon» café, dans une approche concurrentielle très honnête. La coopétition s'illustre donc ici à merveille car cette alliance permet aussi de faire front face aux grandes chaînes uniformisantes du type Starbucks!

Ces différentes figures de la coopétition nous permettent à présent de la définir comme «*un système d'acteurs qui interagissent sur la base d'une congruence partielle des intérêts et des objectifs*», comme le suggère le professeur de gestion Giovanni Battista Dagnino[197]. Dès lors, il s'agit d'appréhender les espaces d'interdépendance entre les entreprises (source de création et lieu de partage de valeur économique), de comprendre que cette interdépendance repose sur un jeu à somme positive et variable (les parties prenantes y gagnent toutes mais pas forcément de manière équitable) et sur des intérêts partiellement convergents entre les entreprises.

197 Giovanni Battista Dagnino «La dynamique des stratégies de coopétition»,*Revue française de gestion* 7/2007, n° 176, p. 87-98.

De la coopétition à la collaboration radicale

Les recherches sur la coopétition étant relativement récentes, de nombreux travaux peuvent encore être menés en termes de management stratégique : l'approche est révolutionnaire au regard de nos logiques aristotéliciennes et renouvelle le management en profondeur ! Elle nous permet surtout de comprendre à quel point le contexte actuel est favorable à sa promotion : les coopétiteurs partagent une communauté de pratiques, ils collaborent pour innover, pour pénétrer des nouveaux marchés, et pour répondre, à leur manière, aux enjeux de la planète. La collaboration radicale, elle, va encore plus loin.

C'est dans ce contexte que nous avons demandé à Vince Kasten, spécialiste américain des logiques coopératives stratégiques[198], de nous aider à comprendre les nuances entre coopétition et collaboration radicale. À ses yeux, il est nécessaire d'être attentif aux multiples facettes de la collaboration et de situer la coopétition et la collaboration radicale dans le paysage collaboratif global : pour cela, il suffit de regarder la façon dont les parties prenantes partagent leur avantage compétitif et des informations « intimes » relevant de la propriété intellectuelle. Par exemple, la coopétition entre les constructeurs automobiles cités ci-dessus et la collaboration radicale entre Ibm, Amd, Sony, Toshiba et d'autres se différencie selon la valeur de la propriété intellectuelle partagée et récoltée : pour les entreprises de semiconducteurs impliquées avec Ibm, la collaboration est destinée à créer une nouvelle valeur différenciée avec un apport

198 Coauteur, avec Ralph Welborn, de *The Jericho Principle, How Companies Use Strategic Cooperation to Find New Source of Value*, Wiley, 2003.

élevé de propriété intellectuelle de chaque compagnie[199]. *A contrario*, la collaboration entre constructeurs automobiles a pour simple ambition de contrôler le développement et les coûts de fabrication en créant des économies d'échelle là où aucune des compagnies ne pouvait le faire seule.

Synthétisons : la collaboration radicale concerne le partage de valeur ajoutée hautement différenciante alors que la coopétition s'agrège sur des opportunités transactionnelles. Si « l'union fait la force » dans le premier cas, dans le second c'est « l'occasion qui fait le larron ».

Avant d'aborder les modalités de réussite des stratégies de coopétition, venons-en à l'essentiel de notre propos : le développement durable permet-il de revenir aux fondamentaux de la compétition ? Ce formidable challenge ne nous permet-il pas d'entrer dans une saine émulation ?

L'union fait la force… durable !

Au-delà des démarches de coconstruction abordées dans le chapitre 2, la corévolution que doivent mener les entreprises a tout intérêt à s'emparer des approches de collaboration radicale pour servir plus largement le développement durable. Au cours de nos recherches, plusieurs exemples ont attiré notre attention et prouvent à quel point cette pratique est adaptée aux enjeux de la responsabilité sociale et environnementale de l'entreprise (Rse).

199 Dans les années 1990, la société Ibm rompt avec un modèle à bout de souffle en développant une nouvelle vision stratégique dans laquelle le partenariat, notamment avec les concurrents, devient la clé de voûte de la croissance de l'entreprise. À présent, Ibm entretient des relations multiples et particulièrement stratégiques de coopétition avec des éditeurs (de software) tels que Sap ou Oracle ou avec des sociétés de services concurrentes telles que Cap Gemini ou Accenture.

Dans l'espace collaboratif des agences spatiales

Prenons l'industrie spatiale, dans laquelle les logiques de coopétition sont fort répandues. Le contexte géopolitique aidant, la concurrence est forte dans ce secteur, incarné par une course acharnée aux dernières avancées technologiques et à la découverte de nouveaux espaces interstellaires. Cette concurrence a certes permis de mobiliser les acteurs dans une dynamique coopétitive sur la recherche de solutions techniques toujours plus innovantes (permettant notamment les prédictions météo, le développement de moyens de communication globalisés, etc.), mais sans véritablement s'attarder sur les conséquences de leur activité sur l'environnement (impact des lanceurs, cycle de vie des satellites, éco-conception des capsules spatiales, etc.)

Quoi de plus logique, dans le contexte financier et écologique actuel, que de commencer à travailler ensemble à l'amélioration des pratiques ? C'est ce qu'ont entrepris l'Agence spatiale européenne (Esa) et son concurrent américain, la Nasa : des rencontres informelles ont été initiées en 2008 par les directions en charge de l'environnement. Elles ont ensuite constitué un think-tank de partage de pratiques mutuelles sur les sujets communs ayant des répercussions majeures sur l'environnement : l'impact des lanceurs de fusées sur la biodiversité, le cycle de vie des satellites et la gestion des débris spatiaux en suspension autour de la Terre. Initialement, « *il s'agissait de parler des problématiques liées à la possible obsolescence de matériaux et de processus utilisés dans le domaine spatial : les réglementations environnementales (dont certaines directives européennes sur les substances dangereuses : Reach, Rohs, Weee) ont commencé à évoquer l'exclusion future de matériaux toxiques pour la santé, et certains de ces matériaux étaient essentiels à l'activité spatiale* » nous a confié Nathalie

Meusy, en charge du développement durable à l'Esa. Un an après ces premiers contacts, les deux agences se sont rapprochées afin d'étendre leurs échanges : en 2009, la Nasa se cantonnait aux aspects environnementaux (matériaux, processus, efficacité énergétique des bâtiments), attentive (dans une certaine mesure) à la menace que pourrait constituer à plus ou moins long terme le changement climatique sur cinq de ses principaux sites.

Le bilan est fort positif pour les deux organisations : « *Les contacts entre les deux agences ont permis des échanges très fructueux entre spécialistes et dans la mise en place d'actions conjointes en particulier dans le domaine des matériaux. Les projets de communication de rapport commun ou de développement de programmes de formation en ingénierie durable, technologies propres ou encore des Analyses de cycle de vie semblent constituer une bonne base de coopération future : on peut ainsi susciter l'émulation chez les partenaires du spatial pour créer des activités plus responsables dans ce secteur* » précise Nathalie Meusy. Dans son plan stratégique à l'horizon 2015, l'Esa affiche l'ambition de devenir une agence modèle conduisant des activités spatiales propres, responsables et durables au travers du projet Clean Space. De quoi, selon elle, favoriser de plus larges collaborations encore avec les autres agences.

Dans cet exemple, on mesure avant tout l'influence des réglementations sur la volonté première de collaboration des agences. Les directives européennes ont avant tout incité les organisations spatiales à s'interroger sur leur activité.

L'Esa nous a aussi confié que la coopération internationale entre la Nasa et ses partenaires s'était intensifiée dès la fin 2009, après la publication par le président Obama d'un décret définissant le développement durable comme un objectif stratégique pour les agences fédérales américaines[200]. Ce décret aurait donc « libéré » l'espace de déploiement du développement durable à la Nasa et renforcé la coopération internationale avec l'Esa, considérée depuis le début comme LE partenaire privilégié de cette coopération.

L'impression collaborative des fabricants d'imprimantes

Nous avons aussi observé des types de collaboration « contrainte » en France, suite au Grenelle de l'environnement, avec une opération lancée en octobre 2011 par treize fabricants d'imprimantes, de copieurs et multifonctions (Brother, Canon, Epson, HP, Konica Minolta, Kyocera, Lexmark, Oki, Ricoh, Samsung, Sharp, Toshiba et Xerox). Présentée comme une « mobilisation inédite en Europe », l'opération Cart'Touch[201] entend fédérer ces professionnels qui représentent aujourd'hui plus de 80 % du volume de cartouches vendues sur le marché français. Objectifs affichés ? Coordonner les pratiques de tri, améliorer le recensement des cartouches d'encre usagées de toute la France, augmenter la collecte au sein de tous les sites mis à disposition du grand public et optimiser les solutions existantes de traitement et de valorisation des déchets.

La raison ? Près de 70 millions de cartouches jet d'encre et 11 millions de toner sont vendus chaque année en France (soit environ 19 400 tonnes de cartouches vides). Or une enquête réalisée par Bio-intelligence Service à la demande des Fabricants de solutions d'impression et cofinancée par l'Agence de l'environnement et la maîtrise de l'énergie (Ademe) souligne que si le taux

200 Executive Order 13514, www.whitehouse.gov
201 www.cart-touch.org

de collecte en tonnage paraît performant (entre 60 et 75 %), celui en quantités peut encore être amélioré (entre 20 et 30 % environ des unités sont collectées) : la collecte des déchets de cartouches de plus petite taille en particulier des déchets de cartouches jet d'encre – est donc plus faible.

Ce dispositif permet alors de faire la promotion d'une gestion responsable des cartouches d'origine usagées, aussi bien auprès des particuliers que des entreprises. À cette fin, un accord cadre a été signé pour assurer une gestion efficace et performante des déchets de cartouches d'impression bureautique sur la période 2012-2015. Cet accord contient également une convention d'engagements de la filière visant à établir une organisation plus efficace des systèmes de gestion des déchets de cartouches d'impression bureautique en France. L'engagement est ouvert, et tous les acteurs de la filière pourront y être associés s'ils le souhaitent. Avec cette convention, les fabricants entendent aussi établir un cadre commun et fiable pour engager l'ensemble des parties prenantes dans une démarche d'amélioration continue des pratiques et contribuer à donner une information transparente sur la filière. S'il est encore trop tôt pour évaluer cette forme de collaboration, il demeure qu'elle a le mérite d'exister... Espérons que les fabricants s'engagent plus largement par la suite dans un travail d'innovation sur les solutions d'impression proposées, au sujet notamment de l'obsolescence programmée de certains de leurs produits, ou sur les possibilités de recharge de leurs cartouches.

Un réseau tissé de fil bio collaboratif

Éric Boel fait partie du réseau des Entrepreneurs d'avenir[202]. Nous

202 Réseau fondé en juin 2009 afin d'agréger « les pionniers d'une économie plus humaine », www.entrepreneursdavenir.com

l'avons rencontré dans ce cadre, lors du parlement des Entrepreneurs d'avenir qui a eu lieu à Nantes en mai 2011. L'initiative dont il est à l'origine utilise la force de la collaboration radicale pour porter une innovation durable au sein de la filière textile.

Tisseur de profession, c'est lors d'une mission pour Air France que son interlocuteur, un consultant spécialisé dans le développement durable, lui présente les principaux enjeux de cette notion. Éric Boel «déroule alors la bobine» très logiquement : s'il achète du tissu biologique, son activité respectera les enjeux environnementaux, mais si le coton bio de ce tissu est ramassé par des enfants de douze ans, cela n'est socialement pas responsable... Et s'il trouve une solution responsable, encore faut-il que la filière puisse vivre dignement de son travail: un produit trop cher ne se vend pas, et son activité ne sera pas durable! Fort de cette prise de conscience et de ce raisonnement, il décide de mettre au point une offre de produits responsables susceptibles de servir le plus grand nombre de consommateurs et de producteurs (en sauvegardant des emplois).

Aux acteurs qu'il a su fédérer autour de lui, il explique la problématique de surcoût des tissus responsables: «*Plutôt que de reporter en valeur le surcoût supplémentaire initial du textile biologique (soit 0 à 30 centimes d'écart sur la fibre d'un chemisier au poids), chaque intermédiaire de la filière le reporte en pourcentage, si bien que le coût supplémentaire final atteint souvent de 30 à 40% alors qu'il pourrait être de 1% seulement!*» insiste Éric Boel – ou comment expliquer que les vêtements en tissu biologique peuvent coûter bien moins cher si les fabricants étaient responsables! Partant du principe que les entrepreneurs sont bien placés pour faire bouger les lignes, il décide de fonder Altertex, un réseau de professionnels du textile collaborant afin de proposer une offre de tissus responsables qui soit à la fois disponible, créative, adaptée au marché et pas chère. Les convaincus sont alors heureux de participer à une démarche vertueuse à tous points de vue, encadrée par une charte volontairement simple qui garantit la qualité auprès du consommateur.

Aujourd'hui, Altertex représente cinquante-cinq petites et moyennes entreprises, soit 1200 salariés et 250 millions d'euros de chiffre d'affaires. Le réseau est reconnu par l'ensemble de la profession et des syndicats textiles, soutenu par la région Rhône-Alpes, plusieurs écoles de création textile, de commerce, etc.

La concurrence au sein du réseau ? Elle a été dépassée par la volonté des chefs d'entreprise impliqués de participer à une démarche « qui fait sens », nous a confié Éric Boel : « *Cette réflexion et cet engagement sont basés sur des relations de cœur, ce n'est pas mercantile au départ, même si cela fera tourner nos entreprises par la suite.* » Si certains membres sont plus impliqués pour des raisons économiques et financières que durables, chacun contribuera, de toute manière, à la progression de la filière. Résultat : depuis le début de la collaboration, aucun membre n'est parti : les implications respectives diffèrent, mais l'essentiel est là, plusieurs millions de mètres ont déjà été vendus sous l'égide d'Altertex !

Depuis, la vocation initiale est toujours la même : collaborer pour innover, développer des produits qui répondent aux besoins du marché, parler des contacts clients, des distributeurs, etc. Altertex travaille notamment avec plusieurs grands distributeurs comme Decathlon, Promod, Jules ou Brice : les échanges permettent d'envisager l'élaboration de nouveaux produits, en attendant une production à plus grande échelle. Début 2012, le réseau cherchait à recruter un(e) permanent(e), afin de donner plus d'écho encore à sa démarche.

Pourquoi cet exemple est-il instructif ? Parce que l'entrepreneur à l'origine de cette collaboration de filière, Éric Boel, a avant tout décidé de réfléchir autrement en reportant le surcoût de la matière première « responsable » en valeur, et non en pourcentage comme cela se fait d'ordinaire dans le milieu, avec un surcoût durablement margé. Il a également su « motiver les troupes » d'entrepreneurs autour de lui en insistant sur l'urgence d'agir autrement et sur le besoin de valoriser un savoir-faire responsable. Enfin, l'implantation territoriale a joué au lancement du réseau, et l'argument « fabriqué en France » ou « fabriqué en Europe » permet de différencier leurs produits sur un marché ultra-concurrentiel où dominent les produits à bas coût de moindre qualité.

Aux racines de la collaboration agricole

Le secteur agricole offre également un bel exemple de collaboration radicale : Shabnam Anvar, docteur en droit[203] spécialiste des semences, nous a expliqué comment les agriculteurs développent aujourd'hui des systèmes de collaboration avec les spécialistes ouverts à leur démarche pour développer leurs propres solutions et défendre une agriculture plus respectueuse des hommes et de l'environnement.

Au cœurs du XXe siècle en effet, la recherche agricole s'est progressivement enfermée dans les laboratoires, marquant ainsi le passage d'une recherche effectuée sur le terrain à une recherche « hors-sol », focalisée sur l'amélioration variétale, le génie génétique, etc. Cette période marque aussi la spécialisation des métiers agricoles, dans une logique fordiste : dans la filière des

203 Auteur de la thèse *Semences et droit, l'emprise d'un modèle économique dominant sur une réglementation sectorielle.* (2010)

semences végétales, par exemple, les sélectionneurs de variétés se distinguent des producteurs de semences, qui eux-mêmes se distinguent des utilisateurs de semences – autrement dit des agriculteurs devenus des consommateurs de semences. Cette évolution de la recherche publique et privée répond au développement d'une agriculture industrielle basée sur une alliance entre intrants chimiques et des variétés sélectionnées. Une évolution refusée par une frange d'agriculteurs, notamment chez les partisans de l'agriculture biologique.

Dès lors, et de manière isolée, certains agriculteurs se sont remis à sélectionner leurs propres variétés de semences avec une volonté de se libérer d'une agriculture dépendante des intrants chimiques. La collaboration entre agriculteurs s'est alors structurée, en particulier au sein du réseau Semences paysannes[204], avant de s'étendre peu à peu à certains chercheurs de l'Inra pionniers dans ce domaine. Cette collaboration relève des démarches observées dans les « sciences citoyennes » très répandues dans les sciences de la nature, surtout dans les pays anglo-saxons. Elle marque un retour au terrain ancré dans une recherche participative – une évolution qui concerne aussi bien les disciplines des sciences sociales et humaines, que les sciences dites dures – et se rapproche des logiques de *crowdsourcing* évoquées dans le premier chapitre.

En France, la rencontre d'Auzeville (Haute-Garonne) organisée en 2003 est un moment fondateur dans la construction et la défense de cette recherche participative autour des semences : plus de 200 agriculteurs, chercheurs, institutionnels, consommateurs, etc., se sont réunis pour soutenir cette collaboration et la

204 www.semencespaysannes.org

démocratiser. Depuis, de nouveaux programmes de « sélection participative » ont vu le jour, grâce à des soutiens de l'Union européenne ou des fondations. Même si les financements restent rares, le succès est croissant : le nombre des membres du réseau Blé[205] a explosé depuis 2003. Des chercheurs tels que Christophe Bonneuil et Élise Demeulenaere étudient « *ce qui motive deux cents personnes à quitter le confortable statut d'usager de variétés de blé sélectionnées par des spécialistes, pour se lancer dans une démarche énergivore d'échange et de recherche d'autres variétés, anciennes, exotiques ou auto sélectionnées*[206] ». De nombreuses raisons sont avancées pour expliquer la réussite de cette collaboration. Chez les paysans adeptes de l'agriculture biologique ou dans une approche de bas intrants chimiques dans les cultures, il s'agit surtout de trouver des semences adaptées à leurs modes de culture spécifiques. Les membres s'entraident dans leur besoin de répondre à leurs propres problématiques : de la sorte, ils participent au réseau afin de défendre une certaine vision du bien commun tout en affirmant l'autonomie de leurs actions.

Aussi cette collaboration plaide-t-elle en faveur de la conservation de diversité génétique tout en se situant à la croisée des revendications d'autonomie semencière et d'alimentation citoyenne : « *Il s'agit de recréer du lien et du sens, de la semence à l'assiette. L'identité de "paysan", que les membres du réseau*

205 Le réseau Blé du réseau Semences paysannes réunit des agriculteurs dont une partie sont « paysans-boulangers », c'est-à-dire des hommes filières qui suivent le blé du grain au pain. Tous sont passionnés par leurs recherches et leur préservation des semences, et ils échangent au sein de ce réseau pour préserver au mieux les variétés.

206 Christophe Bonneuil et Élise Demeulenaere, *Vers une génétique de pair à pair ? L'émergence de la sélection participative*, in « Des Sciences citoyennes », Florian Charvolin, André Micoud et Rebecca Ellis, éditeur de l'Aube, Paris, 2007.

revendiquent, affiche la rupture avec la figure de "l'exploitant agricole" des Trente Glorieuses associée à un simple maillon pris dans une filière longue et exploitant une nature-objet », expliquent Christophe Bonneuil et Élise Demeulenaere.

Cet exemple mêle, on le voit, une implication forte des individus et des parties prenantes engagées dans la collaboration alliée à un profond désir partagé de préserver un savoir-faire et un bien commun trop souvent négligé. Mais à l'inverse des cas précédents, la législation n'est ici pas toujours favorable à la préservation des semences anciennes, ce qui entretient, assez naturellement, la force des échanges et de la collaboration.

Que retenir de ces initiatives ?

Exploration spatiale, imprimantes, textile, alimentation, etc., les opportunités de collaborer de manière radicale entre acteurs d'un même secteur sont légion.

Nous aurions pu vous parler aussi de la plate-forme Peak (Purchasing European Alliance for Knowledge) dont l'ambition est de passer d'une logique d'une sous-traitance à une logique de cotraitance en intégrant plus largement les fournisseurs dans la logique d'innovation des entreprises. Nous aurions pu vous parler d'un exemple raté de collaboration radicale en mentionnant une tentative menée par Danone auprès de ses principaux concurrents pour réduire, de concert, les emballages carton autour des pots de yaourt. Ou bien encore des politiques durables collaboratives menées par la chaîne de supermarchés Wal-Mart aux États-Unis, les efforts effectués par la grande distribution sur les conditions de travail au sein de Gscp (Global Social Compliance Programme). Sans parler de l'entrepreneur espagnol Alfons Cornella qui a créé en 2011 le projet Co-Society afin de fonder un réseau international de sociétés et d'organisations intéressées par l'opportunité de développer de nouveaux produits, services ou processus au sein de leurs propres organisations (il parle alors de démarches de *cobranding*, de codesign, de coproduction, de comarchés, etc.)[207]...

Mais concentrons-nous sur l'essentiel : comme nous devons agir dans l'immédiat, les révolutions et les transitions historiques prennent trop de temps, si bien que la collaboration nous permet d'innover et d'avancer plus loin, plus rapidement et de manière plus dynamique.

Que les initiatives soient lancées par des agences gouvernementales, qu'elles prennent place entre multinationales, au niveau de Pme ou de structures plus petites, la logique collaborative se répand et devrait progressivement devenir la norme pour avancer dans le monde économique de demain.

Les avantages de la collaboration radicale au service du développement durable sont multiples : au-delà des aspects propres au fonctionnement en réseaux que sont le partage d'expériences, de pratiques, l'échange de conseils et de contacts, elle permet d'associer les parties en présence dans une vraie démarche innovante. Et les bénéfices sont multiples : adaptation commune aux évolutions du marché, veille partagée, mise en commun des savoirs et savoir-faire, renforcement de la compétitivité, implication au sein d'un territoire, économies d'échelles, opportunité sur de nouveaux marchés, gains partagés et bien d'autres ! Cette approche permet de saisir au mieux, également, la complexité du monde : collaborer avec un concurrent n'est pas naturel, mais cela permet de donner un autre éclairage à des pratiques que l'on aurait autrement analysées, bien souvent, dans

207 www.co-society.com

une perspective antagoniste. En cassant les schémas de pensée traditionnels, on se rend compte que les stratégies et les cibles ne sont pas exactement identiques.

La collaboration radicale favorise également les approches d'innovation ouverte : il ne s'agit plus de travailler ensemble à la création d'un produit ou service prédéfini, mais de développer une approche à partir d'écosystèmes existants ou à construire.

Au-delà des démarches de collaboration en recherche et développement propre aux pôles de compétitivité et souvent concentrée sur les avancées technologiques, l'innovation peut s'envisager aujourd'hui avec plusieurs interlocuteurs : les collaborateurs de l'entreprise peuvent inventer de nouveaux modèles économiques et de nouveaux services pendant que les clients insufflent des idées via les réseaux sociaux. Elle peut aussi s'adresser à des communautés de professionnels-amateurs[208] afin de résoudre un problème spécifique, par le biais de « places de marché aux idées » – une technique propre à l'externalisation ouverte[209]. L'avantage de ces approches réside dans l'ouverture de l'entreprise, dans un effet miroir à la mondialisation des échanges et des problèmes auxquels nous faisons face actuellement.

Attention néanmoins : collaborer, ça s'apprend. Voilà quelques précautions d'usage pour mieux appréhender, en pratique, les tenants et aboutissants de la collaboration radicale.

Et en pratique alors... ?

Pendant deux ans, nous avons exploré la notion de collaboration

208 « The Pro-Am Revolution. How enthusiasts are changing our economy and society », *Demos*, novembre 2004.

209 Le site www.entrepriseglobale.biz/open-innovation propose une explication schématisée de ces différents types d'innovation.

radicale au sein du réseau français des Entrepreneurs d'avenir. Entre octobre 2009 et mai 2011, plusieurs structures implantées en Aquitaine se sont régulièrement réunies afin de l'étudier et de l'expérimenter plus en détail. Les travaux menés se sont concentrés sur les conditions garantissant un bon déroulement de la collaboration.

Dans un premier temps, il fut important par une explication de texte : si le terme de « collaboration » prête à confusion, en France, tant il rappelle dans l'inconscient collectif quelques heures sombres de notre histoire, l'adjectif « radical » rappelle les attitudes politiques qui visent à des transformations profondes de la société (alors que le terme évoque également la notion de « causes profondes » et d'efficacité). Collaborer donc, et de surcroît de manière radicale... a de quoi surprendre au premier abord. Mais il s'agit surtout de travailler ensemble autour d'un objectif et ce de manière efficace.

Passé ces premières réticences, les différents ateliers que nous avons menés se sont concentrés sur les conditions nécessaires à la réussite d'une bonne collaboration...radicale donc[210].

Saisir les opportunités

Il n'y a pas qu'un contexte favorable à la collaboration, mais des contextes : en ce sens, nous l'avons vu, certains acteurs ressentent le besoin de se rapprocher de leurs concurrents ou de leurs parties prenantes afin d'envisager ensemble les conséquences d'une

210 Avec la nuance que nous avons introduite entre « coopération » et « collaboration », nous préférons conserver le terme de « collaboration » dans ce livre, d'autant que les précautions d'usage s'appliquent identiquement, à notre sens, aux deux notions - coopératives et collaboratives. Les différences s'observent essentiellement dans les valeurs partagées et dans le déroulement des processus.

législation ou d'une réglementation. Cette impulsion extérieure précipite alors, de fait, des efforts qui n'auraient peut-être pas eu lieu autrement.

La collaboration peut également être générée sous l'impulsion d'un leader qui, suffisamment passionné et enthousiaste pour partager son idée, va agréger autour de lui d'autres acteurs pour la faire avancer. L'opportunité naît aussi parfois d'un concours de circonstances, il suffit alors d'être suffisamment ouvert d'esprit et à l'écoute pour la saisir.

Pour Jean-Michel Cornu, directeur scientifique de la Fondation Internet Nouvelle Génération et spécialiste des logiques de coopération, une approche coopérative cherche surtout à réduire les contraintes et à augmenter les opportunités. Contrairement aux approches traditionnelles qui se concentrent sur la gestion des contraintes, la coopération est un état d'esprit qui permet de gérer au mieux les opportunités. Une bonne collaboration débute bien souvent par une opportunité mutuelle.

En réalité, le monde d'aujourd'hui change la donne : l'économie du XXIe siècle repose sur l'innovation collaborative et décentralisée. En ce sens, les réflexes que l'on nous a appris et auxquels nous sommes habitués ne pourront bientôt plus fonctionner. Pour être réceptif aux démarches collaboratives, il est donc indispensable de se mettre dans un état d'esprit favorable à une relation donnant-donnant dans laquelle quatre éléments essentiels déterminés par Juliette Tournand et repris par nos groupes de travail méritent l'attention[211] :

211 Juliette Tournand, *La Stratégie de la bienveillance*, InterÉditions, 2007.

1. La bienveillance: pas dans le sens où on l'entend généralement (comme gentillesse), mais dans le sens du « bien vouloir », dans « l'attention à ». Quand on a l'intention de coopérer, il est nécessaire de faire attention à l'autre, mais aussi à soi, à l'environnement, etc.

2. La réciprocité: s'il est crucial d'être bienveillant avec l'autre, il est nécessaire de ne pas négliger la bienveillance que l'on s'accorde à soi-même: le processus doit donc être équilibré, au risque de prendre fin.

3. La clarté: il est crucial de vérifier autour d'une idée commune, avec un objectif défini, en vérifiant que tout est clair, qu'il n'y a pas de zone d'ombre qui laisse des interprétations diverses de ce que l'on fait ensemble.

4. La liberté d'innover: à partir du moment où l'on est dans une bienveillance établie et réciproque, où les choses sont claires, c'est le moment où l'on peut innover.

Ces conditions sont des jalons utiles à toute collaboration, et permettent d'asseoir des bases saines à la mise en route et à la poursuite du processus collaboratif.

Il est important de souligner à ce niveau de la réflexion qu'il n'est toutefois pas nécessaire de collaborer si cela n'est pas utile, ni appelé par la situation. Toutes les opportunités ne sont pas collaboratives, et si cela semble plus effectif d'agir par soi-même, il n'est pas nécessaire de s'embarrasser. Comme le veut le proverbe: « Tout seul on va plus vite mais à plusieurs on va plus loin. »

Autre préambule à prendre en compte: le temps de la collaboration. La logique collaborative partage aussi cela de commun avec le développement durable, le temps long. Certes, il n'est pas toujours facile de prendre le temps, mais collaborer est un processus qui doit s'installer et qui ne donne des effets que dans la durée.

Enfin, le contexte interculturel a une grande influence sur nos capacités de collaboration : Nathalie Meusy nous a expliqué à quel point les Américains de la Nasa étaient spontanément méfiants lorsque l'Esa présentait les aspects sociaux de leur démarche : dans leur inconscient collectif, le « social » a une connotation marquée proche du « communisme » : « *Il a fallu préciser chaque fois que la notion sociale était évoquée devant un public partiellement ou totalement américain, qu'il s'agissait là de la référence à l'humain et à la société et qu'il n'y avait aucune connotation politique !* » nous a-t-elle confié. La prise en compte de cette dimension permet d'anticiper le cadre dans lequel le processus va se dérouler.

On déplore souvent par exemple, dans nos sociétés développées, la perte de solidarité et de collaboration propres aux sociétés premières. Mais historiquement, la collaboration n'était pas choisie : il s'agissait d'une obligation sociale, le « je » devait disparaître derrière le « nous ». La montée en puissance des contextes de valorisation du « soi » a ensuite mis à mal la collaboration, la destruction du lien social allant de pair avec la recherche de profit de la compétition, le progrès économique, technologique et social. Actuellement, face à la rupture du lien social et à l'ampleur des problématiques environnementales, nous en venons à une collaboration volontaire, non imposée. « *La question, dès lors, est de savoir comment la collaboration volontaire est rendue possible alors que l'ampleur des problèmes nous l'impose et que nous sommes au bout de deux siècles de rupture du lien social !* » analyse Clair Michalon, spécialiste des différences culturelles. Pour lui, le retour de la précarité explique en partie ces besoins plus importants de collaborer et il est toujours nécessaire de s'interroger sur l'aspect volontaire ou contraint de la collaboration.

Ajoutons à cela l'exception culturelle française propre à notre philosophie rationnelle héritée du *Discours de la méthode*... qui ne nous aide pas à considérer deux façons d'arriver à un résultat. Notre système s'est autodéfini rapidement comme porteur de valeurs universelles, il dessine une pyramide dont il est le centre. Les Anglo-Saxons sont moins formatés et sont naturellement plus disposés à la collaboration : ils auraient pu, en un mot, écrire le « discours des méthodes » !

Les prérequis d'une collaboration réussie

Une fois le socle de la collaboration consolidé, il est bon de respecter plusieurs caractéristiques considérées comme étant indispensables : il ne suffit pas, en effet, d'avoir un objectif commun ou d'appartenir à une communauté pour que cela fonctionne.

Dans un processus coopératif, les participants se partagent les tâches et travaillent conjointement afin de réaliser un objectif commun, chacun ayant à sa charge une part bien définie du travail à réaliser. Il est alors nécessaire d'assurer un bon déroulé de l'organisation, de la coordination et du suivi de l'avancement.

Dans une démarche collaborative en revanche, le travail ne se divise pas de manière aussi organisée : les participants sont libres et s'engagent de manière spontanée pour élaborer ensemble une solution négociée et consensuelle. Les compétences sont donc échangées et partagées pour servir un projet commun : la cohérence du collectif permet d'atteindre l'objectif, aussi le capital humain est-il plus impliqué ici que dans un processus coopératif[212].

Quoi qu'il en soit, la finalité du travail collaboratif doit être déterminée dès le départ, et la mission peut être formalisée dans un manifeste permettant à chacun de se focaliser sur les objectifs du projet. Accompagné d'une communication claire permettant à chaque membre d'être tenu informé de l'évolution du projet, la collaboration doit aussi adopter un mode de gouvernance et des règles de fonctionnement efficaces.

Les partenaires doivent s'assurer une complémentarité des apports et veiller à bien réconcilier leurs intérêts individuels et collectifs. Notons ici qu'une logique coopérative anticipe les responsabilités de chacun : qui sera responsable du succès ou de l'échec de la réalisation collaborative ? Comment se répartiront les retombées financières ? Qui possédera les droits intellectuels ? Dans l'approche collaborative, la responsabilité est globale et collective.

Le tout est d'assurer la transparence des échanges tout au long du processus collaboratif. Dans une logique donnant-donnant et si possible gagnant-gagnant chacun doit trouver son compte, l'équilibre entre les partenaires doit donc être fixé. Pour cela, il est bon de veiller au nombre de participants impliqués dans la collaboration. Plus le processus reste simple, plus il sera aisé de le mener jusqu'au bout.

Ce paramètre, allié à l'intensité et à la diversité des échanges, garantit l'intérêt et la force d'une approche coopétitive. Le nombre d'échanges (leur fréquence, nombre d'échanges) détermine, de

212 Pour la documentaliste Marie-France Blanquet (lors d'une formation donnée le 12 janvier 2007 au Crdp d'Aix-Marseille), la nuance se résume ainsi : « *Travail coopératif ou à chacun sa partie du tout ; travail collaboratif ou le tout pour tous.* »

fait, l'intensité des relations (grande implication des partenaires ou coopération de surface) : plus le degré d'intensité de relation des acteurs en présence est fort, plus les partenaires sont diversifiés et plus la magnitude de la coopétition est forte, on parle alors d'hypercoopétition (à l'inverse de l'hypercompétition).

L'essentiel est de maintenir une fine alchimie entre les intérêts partagés d'être en collaboration avec l'autre et la nécessité de ne pas se « perdre » dans le partenariat pour simplement maintenir un avantage concurrentiel.

Pour les Entrepreneurs d'avenir avec lesquels nous avons réfléchi aux modalités garantissant une collaboration efficace, il est crucial de se mettre d'accord, dès le départ, sur la notion de bénéfice environnemental et/ou sociétal de la collaboration : si la valeur économique reste un motif suffisant, elle ne doit pas être la seule finalité dans cette démarche. La dimension radicale de la collaboration doit justement servir cette part d'engagement collectif pour le bien commun.

chapitre 4

POUR UN MANAGEMENT COLLABORATIF

«*Admettre la compétition est plus sensé que de la nier ou de vouloir la supprimer par une naïve coopération. Travailler à la tension vertueuse entre coopération et compétition, c'est ce que les sages ont découvert depuis des millénaires: les spécialistes du management y arriveront bien un jour.*»

Maurice Thévenet

Difficile de ne pas se rendre à l'évidence maintenant, l'activité des entreprises ne doit plus être conçue seulement pour générer du profit, mais pour créer de la valeur globale et partagée. Il est temps d'abandonner les conceptions néoclassiques de l'économie! Non, les attentes d'améliorations sociales ne sont pas une contrainte génératrice de coûts indésirables pour les bénéfices. Non, l'entreprise n'est pas dénuée d'impacts sur son écosystème: les effets négatifs de son activité ne peuvent plus être assumés par les Ong et les instances publiques. Aujourd'hui, les besoins sociaux et environnementaux définissent les marchés autant que les besoins économiques.

Le contexte évolutif que nous avons décrit dans les chapitres précédents prouve combien le rôle de l'entreprise est modifié: au-delà de la cocréation de valeurs avec les parties prenantes et de la coconstruction sociétale avec les Ong, la corévolution change non seulement le rôle de l'entreprise, mais aussi ses modes de management. Si la « mentalité 2.0 » participe à l'émergence de la collaboration en entreprise, le développement durable invite à présent l'ensemble des salariés à se réinterroger sur le sens même de leur métier. La notion « d'être ensemble » devient incontournable quand il s'agit de réfléchir à des solutions innovantes pour le bénéfice de l'entreprise, mais aussi de la planète. En ce sens, il nous faut revenir aux fondamentaux du management, au sens de « ménager », « respecter » et « prendre soin ».

Il s'agit là d'un aspect trop souvent oublié dans les mises en œuvre actuelles du développement durable.

Pour un vrai développement durable

Cela fait plus de vingt-cinq ans maintenant que le développement durable est entendu comme un moyen de « *répondre aux besoins du présent sans compromettre la capacité des générations futures à répondre aux leurs*[213] ». Dans les années 1990 ont commencé à fleurir, d'abord timidement, des démarches de limitation de la consommation de papier dans les bureaux, de consommation électrique des usines, de recyclage des déchets en fin de vie, de prise en compte des ressources naturelles dans le cadre du processus industriel, etc. À cette époque, les acteurs économiques s'observent avec précaution (surtout entre concurrents) en prenant soin d'analyser les engagements de chacun pour évaluer la pertinence de s'engouffrer dans une brèche encore méconnue : quel bénéfice en tirer en termes d'image ? Quels effets sur le modèle économique ?

213 Selon le rapport de la commission Bruntland (1987).

Certaines entreprises emblématiques[214] ont compris plus vite que d'autres et sauté le pas d'une réflexion profonde et stratégique pour mettre en œuvre le développement durable au cœur de leurs pratiques.

Depuis, la responsabilité sociétale des entreprises (Rse) est passée par là, créant une vraie dynamique économique : on se préoccupe désormais de la traçabilité des fournisseurs, de la haute qualité environnementale des bâtiments, du bilan carbone, de la parité, de l'intégration des minorités et autres signes de *green attitude*. Bien que toujours trop lente aux yeux des plus convaincus, cette concrétisation des démarches de développement durable est enthousiasmante : les initiatives se multiplient, même si l'on peut regretter une certaine course à l'échalote (bio), la règle du jeu étant de trouver les meilleurs éléments de langage pour valoriser au mieux sa démarche durable.

On se souviendra en ce sens d'une campagne de publicité du groupe Total en 2003, où le pétrolier mettait en avant son engagement envers les énergies renouvelables en présentant sa première centrale éolienne que le groupe possède à Mardyck (à proximité de la raffinerie des Flandres, située à Dunkerque). Mise en service en novembre 2003, ce parc totalise royalement… cinq éoliennes.

Heureusement, l'Autorité de régulation professionnelle de la publicité (Arpp) et l'Observatoire indépendant de la publicité (Oip) veillent aux glissements sémantiques et dénoncent les cas de « blanchiment écologique » des discours.

Il demeure que certains abus illustrent à merveille l'existence d'un marché du concours de beauté de la vertu entrepreneuriale ;

214 Notamment Lafarge, Danone, Nature et Découvertes, Interface, Patagonia… pour ne citer que quelques-unes.

même la Rse devient un sujet de « compétition », on croit rêver...

Ne serait-il pas plus judicieux de faire preuve d'humilité en soulignant le reste des efforts à effectuer avant d'atteindre un comportement réellement responsable ? S'il est risqué pour les entreprises de communiquer sur leurs efforts durables, le contexte actuel invite plutôt aux conversations de long terme avec les différentes parties prenantes.

Elles auraient d'ailleurs tout à gagner d'une approche transparente et collaborative présentant l'ensemble des obligations économiques, sociétales et juridiques auxquelles elles sont soumises.

Un contexte juridique indispensable

Au début des années 2000, suite aux scandales en tous genres des entreprises comme Enron, Arthur Andersen, WorldCom aux États-Unis ou Vivendi en France, l'appareil juridique s'est mis en œuvre afin de réguler la gouvernance des entreprises et favoriser la transparence de leurs activités[215]. Cette période a vu l'émergence de régulations larges – et plus ou moins efficaces – encadrant leur gouvernance, leur communication institutionnelle et leurs performances (extra)financières.

En France, la loi sur les nouvelles régulations économiques (Nre) de mai 2001 a sensiblement modifié le fonctionnement du conseil d'administration des grandes entreprises françaises, en le dissociant des fonctions de l'exécutif. Nouveauté intéressante : l'article 225-102 de la loi Nre demande aux entreprises cotées en

215 Aux États-Unis, la loi Sarbanes-Oxley (du nom des deux sénateurs promoteurs de cette loi de 2002) sur la réforme de la comptabilité des sociétés cotées et la protection des investisseurs est une loi fédérale imposant de nouvelles règles sur la comptabilité et la transparence financière.

Bourse de communiquer sur les conséquences sociales et environnementales de leurs activités, dans le cadre de leur stratégie Rse. Ces grandes entreprises n'ont donc plus d'autre choix que de rendre compte de leurs avancées en termes de développement durable.

Même si le lobby intensif de certains acteurs industriels ne rend pas cette loi aussi contraignante qu'il le faudrait (il n'est pas prévu de sanction spécifique en cas de non-application de cet article, de sorte que les entreprises ne sont pas obligées de satisfaire les intérêts des parties prenantes), la loi Nre a le mérite d'initier de vraies démarches de progrès et d'encourager un début de collaboration entre les entreprises sur ces enjeux.

Sans parler du rôle joué par les normes Iso 14001[216] (environnement), Sa 8000 (droits sociaux), Nf en France, l'affichage énergétique des produits de grande consommation, ou encore les labels sectoriels (bio, etc.), qui ont progressivement régulé les pratiques des entreprises et facilité l'émergence d'un véritable cadre de référence commun au déploiement de la Rse. Plus récemment encore, les avancées en termes de politiques volontaristes issues des échanges en coconstruction du Grenelle de l'environnement ont permis de mettre en place une autre dynamique – même si son application a minima a réduit les ardeurs de celles et ceux qui ont cru un temps que notre économie entière allait devenir vertueuse.

Aujourd'hui, ces normes valident en partie la sincérité des démarches durables d'une entreprise, elles aident à comparer

216 La norme Iso 14001 est la plus utilisée des normes de la série des normes Iso 14000 qui concernent le management environnemental. Elle repose sur le principe d'amélioration continue de la performance environnementale par la maîtrise des impacts liés à l'activité de l'entreprise.

les approches des différents acteurs et à mesurer l'engagement véritable des entreprises. Les pratiques de certains métiers s'en trouvent tirées vers le haut, avec l'apparition de démarches concertées d'amélioration et de partage de bonnes pratiques – avec la création notamment de réseaux d'acteurs spécialisés sur ces questions (citons à ce sujet le travail effectué par le Collège des directeurs du développement durable[217]). Notons au passage la belle réussite coopérative que fut la mise en œuvre de la norme Iso 26000[218], qui semble devenir la référence pour aborder de manière globale les enjeux de responsabilité sociale des entreprises[219].

Le DD normé n'est plus du DD…

On a cru à un moment que le cadre réglementaire dédié à la Rse allait permettre de formaliser et structurer les pratiques des entreprises. Or, si les normes offrent un cadre et des jalons au déploiement du développement durable, elles ont aussi pour effet de formater la dynamique en interne et de la rigidifier, de la cantonner à un exercice pratique souvent vécu de manière contraignante par ceux qui ont la charge de l'appliquer. Par nature, la norme n'invite pas au dépassement et la créativité, mais à la

217 www.cddd.fr

218 Le projet final de norme internationale Iso 26000 a été approuvé à une large majorité (93 %) par les pays et organisations membres de l'Iso (Organisation internationale de normalisation) : 99 pays ont collaboré à la création de la norme parmi lesquelles certains ont quand même voté contre comme : les États-Unis, Cuba, l'Inde, le Luxembourg, la Turquie. On peut donc quand même dire que l'ISO 26000 est issu d'un consensus !

219 Cette norme prend en compte sept aspects fondamentaux : la gouvernance de l'organisation, les bonnes pratiques des affaires, le respect de l'environnement, les conditions de travail, les droits de l'homme, la contribution au développement local, ou engagement sociétal et les questions relatives aux consommateurs.

conformité. Pire, son cadre n'accorde guère souvent un espace pour que les parties prenantes se l'approprient et y contribuent de manière efficace et créative.

C'est le constat qu'a fait le Global Reporting Initiative (Gri), une initiative lancée aux États-Unis en 1997 avec comme mission de développer les directives applicables mondialement en matière de développement durable tout en rendant compte des performances économiques, environnementales, et sociales des organisations (publiques ou privées). Rassemblé au départ dans une coalition très large en association avec le Programme d'environnement des Nations-Unies (Pnue), le Gri incorporait la participation active des sociétés, des Ong, des organismes de comptabilité, des associations d'hommes d'affaires, et d'autres parties prenantes du monde entier. Une initiative collaborative de bel esprit, donc, mais qui au bout de trois ans s'est rendu compte que normaliser les pratiques de développement durable dans les entreprises n'était pas envisageable à large échelle : ce fut l'objet d'un rapport retentissant titré « *One size fits... some*[220] » invitant à la mise en œuvre de sous-groupes de pratiques entre pairs d'un même secteur industriel.

Cette évolution illustre à quel point il est important, pour les organisations qui se veulent « responsables », de « quitter la norme » et de la révolutionner pour véritablement s'approprier le sujet : à la manière d'un enfant qui lâche un jour les roues latérales de son vélo, l'organisation doit apprendre à garder son équilibre de manière autonome.

Soyons clairs : loin de nous l'idée que la norme soit mauvaise ou préjudiciable à la mise en œuvre d'une démarche pérenne,

220 Par opposition à l'expression américaine « one size fit all » qui signifie « convient à toutes les tailles ».

ordonnée et efficace du développement durable[221], mais nous faisons trop souvent le constat d'une application stricte et enfermante. Bien sûr, la norme fait office de référence indispensable, mais les organisations gagnent à les intégrer dans une interprétation plus personnelle des enjeux, composée de solutions inspirantes et créatives justement adaptées à leur écosystème.

Le constat est identique au sein même des organisations : quand bien même l'entreprise s'engage à force de communication interne et externe sur l'intérêt d'engager une démarche de Rse, le sujet est trop souvent perçu de manière contraignante.

Certes, on peut saluer la mise en œuvre de démarches de management intelligentes et collectives pour soutenir une approche « maison » de la Rse, certaines entreprises ont d'ailleurs bien compris qu'il fallait laisser la possibilité aux salariés de s'approprier le concept et d'adapter la Rse à leur culture d'entreprise. C'est dans ce contexte bénéfique qu'ont pu fleurir les approches collaboratives dans des groupes variés comme Danone, Rhodia, Lafarge, etc., sous les noms exotiques de « Way[222] » (qui approximativement signifie « à la manière de »). Ces systèmes de management partagés et coconstruits avec les parties prenantes incarnent une véritable démarche de progrès : chacun a la possibilité de s'engager et d'y contribuer à sa mesure et selon les leviers d'action dont il dispose.

Mais l'usage de la méritocratie est aussi appliqué pour

221 Au Royaume-Uni, Benita Matofska travaille d'ailleurs sur le label ShareTradeTM pour substituer les politiques de responsabilité sociale des entreprises (« *Corporate Social Responsability* ») par des politiques de « *Corporate Shareability* », dans un état d'esprit alliant développement durable et logiques collaboratives…

222 Rhodia Way, Danone Way, Lafarge Way, Areva Way ou autres termes : « Suez Forward », « Carrefour Attitude », etc.

« motiver les troupes » autour du développement durable : les bonnes pratiques des salariés (sur l'amélioration de la performance environnementale, sociale) sont récompensées lors de remises de prix appelées pompeusement « trophées Rse », « Green business awards » – une sorte de distribution de bons points à ceux ou celles qui ont contribué à rendre la maison plus « responsable ». Sans parler des incitations par la rémunération, où les managers se voient accorder un bonus sur salaire en fonction de leur capacité à mobiliser leurs équipes sur la Rse...

Autant de carottes qui reflètent une intégration pyramidale d'un sujet intrinsèquement systémique. N'avons-nous pas oublié qu'il ne s'agit pas simplement d'assurer une « performance » environnementale ou sociale ? N'est-il pas temps de lever les yeux des comptes rendus de Rse pour nous regarder les uns les autres et élaborer ensemble une stratégie fédératrice et porteuse de futurs souhaitables ?

Ras le bol de l'entreprise hors-sol !

Jean-Francois Clervoy, éminent spationaute, partage à chacune de ses conférences la sensation qu'il a eue de découvrir la terre depuis l'espace[223] : « *Quand nous partons pour une mission spatiale, nous savons que nous dépendons de notre vaisseau spatial et de nos autres compagnons humains pour survivre, il n'y a pas de hiérarchie, chacun est important pour la mission, chacun a son rôle à jouer dans le collectif, chacun a sa mesure nécessaire pour le groupe. Nous avons aussi cette conscience qu'en ponctionnant un "service" à la navette (eau, oxygène, énergie) nous prenons chacun un peu de cet écosystème fini que nous partageons le*

223 Il a passé près d'un mois dans l'espace au cours de trois missions différentes.

temps de notre mission, nous avons alors la sensation particulière de faire partie d'un collectif inséparable et interdépendant. »

Cette sensation que tous les spationautes partagent au retour de leur mission est une belle métaphore qui permet de réaliser à quel point nous sommes, humains, interdépendants, à la fois les uns des autres et de notre milieu.

Rappelons qui nous héberge : une vieille mais néanmoins très belle dame de 4,5 milliards d'années. La vie sur la Terre est apparue il y a 3,8 milliards d'années ; les hominidés sont arrivés il y a 7 millions d'années et nos équivalents humains il y a seulement 300 000 ans : si l'on compare l'histoire de l'humanité à la hauteur de la Tour Eiffel, l'arrivée des hommes correspond à la dernière couche de peinture qui recouvre son sommet, rappelle à ce sujet le paléontologue américain Stephen Jay Gould.

Ainsi la vie ne nous a pas attendus pour apparaître et saura poursuivre son chemin si nous, humains, venions à disparaître. Nous l'oublions trop souvent, mais les écosystèmes minéraux, végétaux et animaux sont indispensables à notre survie. Or « *depuis 10 000 ans, l'évolution des communautés humaines transforme la biosphère de plus en plus profondément et rapidement, en rupture avec les cycles biologiques, biochimiques, bref, l'homme croit s'affranchir de la nature et finit par oublier qu'il fait intégralement partie de la biosphère qu'il modifie chaque jour depuis longtemps* » rappelle l'écologue et géographe Raphaël Mathevet[224]. Un constat également effectué par Emmanuel Delannoy qui prête sa plume à un coléoptère pour expliquer l'économie aux humains[225] : « *Nos crises multiples sont aussi révélatrices d'une crise de valeur, de*

224 In : *La Solidarité écologique, ce lien qui nous oblige*, 2012, Actes Sud.
225 In : *L'Économie expliquée aux humains*, Emmanuel Delannoy,2011, éditions Wildproject.

sens, d'une crise de "savoir-vivre ensemble" (...) en vous coupant de vos racines, en essayant de vous désolidariser du reste du monde vivant, vous vous êtes perdus en chemin. Ce n'est pas la biosphère qui est en crise, ce n'est pas l'humanité qui est en crise, c'est le couple homme-nature qui l'est. »

Ainsi la crise écologique nous rappelle à quel point nous dépendons de la biosphère et il devient urgent de prendre conscience de notre place, unique et fragile, au cœur du vivant. C'est pourquoi la question du développement durable interroge également notre propre développement (durable) : cela nous invite à prendre conscience de notre interdépendance avec les autres organismes vivants, avec les parties prenantes humaines, sociales et économiques qui nous environnent. Nous n'avons pas d'autre choix que de révolutionner notre vision même de ce qu'est notre écosystème de vie : « *Nous avons à reprendre conscience que vivons une communauté de destin avec la nature, une sorte de solidarité écologique* », souligne également Raphaël Mathevet. Forts de cette prise de conscience, pourquoi ne pas s'inspirer de la nature pour redonner à nos organisations une place plus naturelle dans le cours de l'évolution ? Car les leçons du vivant sont innombrables et peuvent nous aider à orchestrer notre management et réaliser des produits et services durables. Pour la biologiste américaine Janine Benyus, le biomimétisme nous permet d'envisager la durabilité de nos organisations à travers les lois de la nature[226].

226 Ces lois sont les suivantes : la nature utilise une source d'énergie principale et inépuisable : l'énergie solaire ; elle n'utilise que la quantité d'énergie dont elle a besoin ; elle recycle tout ; elle parie sur la biodiversité ; elle travaille à partir des expertises locales ; elle limite les excès de l'intérieur ; elle utilise les contraintes comme source de créativité. À lire : *Biomimétisme, quand la nature inspire des innovations durables*, éditions Rue de l'Échiquier, 2011.

À bien y réfléchir en effet, l'entreprise aussi est un écosystème : entité autonome constituée d'une myriade d'éléments vivants (ses salariés, ses sites) en relation avec d'autres éléments qui permettent son fonctionnement (ses fournisseurs, au premier chef la nature, et ses prestataires en produits ou en services), elle dépend pour sa survie de moyens de subsistance (ses actionnaires financeurs, clients) qui ont à leur tour besoin d'elle pour se développer également. Elle a donc agrégé une (bio)diversité d'éléments en interaction constante et en équilibre dynamique pour assurer son fonctionnement de manière aussi pérenne et durable que possible.

Une entreprise, quelle que soit son activité, a donc besoin de collaborer avec ses environnements direct et indirect : elle aussi est solidement dépendante et interdépendante de sa « biosphère » sociale et économique. En ce sens, les entreprises pratiquant le *cradle-to-cradle* ont clairement cette logique du vivant[227].

La nature même est à l'origine de la coopération dans le vivant. De multiples exemples en témoignent : dans les plaines d'Afrique, impalas et babouins collaborent régulièrement, les premiers associant leur excellent odorat à la vue perçante des seconds pour former un système d'alarme anti-prédateurs fort puissant. La relation entre l'anémone de mer et le poisson clown est un autre exemple de mutualisme : un mucus protecteur sur le corps du poisson lui permet de trouver un abri au sein de l'anémone tout en tolérant le venin produit par cette dernière. En contrepartie, le poisson clown peut servir de leurre pour attirer des proies vers l'anémone. Enfin, les fourmis constituent un autre

227 Le principe du *cradle-to-cradle* (du berceau au berceau) est basé sur une des règles fondamentales du vivant, les déchets des uns servent de matière première aux autres.

modèle passionnant de coopération, d'assiduité et d'ordre. Elles unissent souvent leurs efforts pour ramener au nid des objets beaucoup plus gros qu'elles. Certaines fourmis aident même des congénères blessées ou épuisées à regagner la fourmilière.

Que retenir de ces exemples ? L'entraide, qui s'observe dans toutes les formes de vie, depuis le micro-organisme jusqu'au mammifère, entre animaux d'une même espèce ou d'espèces différentes, le tout devenant supérieur en quantité et en qualité à la somme des parties en présence ! Comme l'affirmait Charles Darwin d'ailleurs : la coopération entre espèces est indispensable à la survie. Martin Nowak, professeur à Harvard, reprend cette vision darwinienne de l'évolution et la prolonge : pour lui, la mutation et la sélection ne sont pas les deux seuls piliers de l'évolution, la coopération aussi est indispensable à l'évolution.

Cette pensée biosphérique résume donc parfaitement la manière dont nous pourrions nous inspirer de la nature pour coopérer dans notre développement économique, jusque dans notre management !

De l'intelligence de la nature à l'intelligence collective

Les sociétés humaines n'obéissent certes pas à des règles aussi mécaniques que les systèmes naturels, mais elles possèdent une particularité spécifique : leur intelligence cognitive. Celle-ci se nourrit des interactions multiples développées entre les membres d'une communauté. Chaque membre possède une perception partielle de son environnement et n'a pas conscience de la totalité des éléments qui influencent le groupe. Ainsi chaque individu obéit à un ensemble de règles simples par rapport au comportement du système global tout en étant en relation avec un ou plusieurs autres individus du groupe en même temps : quoi qu'il arrive, chaque membre trouve un bénéfice à collaborer et sa performance au sein d'un groupe se trouve bien meilleure que s'il était isolé.

Pierre Lévy propose la définition suivante de l'intelligence collective : « *C'est une intelligence partout distribuée, sans cesse valorisée, coordonnée en temps réel, qui aboutit à une mobilisation effective des compétences*[228]. » Il en découle que : 1/ personne ne sait tout ; 2/ la richesse centrale est l'humain lui-même (sa place et sa contribution sont uniques) ; 3/ les échanges ont lieu en temps réel et nécessitent donc une adaptation continue. C'est le principe de l'organisation apprenante dans laquelle chaque individu est tour à tour apprenant et formateur, permettant à la communauté d'anticiper le changement et de le planifier. Pour Brigit Maguire et Sophie Cartwright, cela explique d'ailleurs pourquoi la résilience sociale diffère de la résilience naturelle : « *Plutôt que de simplement retourner à un état préexistant, cela signifie que l'on peut le transformer dans un nouvel état qui est plus soutenable que l'environnement actuel*[229]. »

Pour Jean-François Noubel [230], cette intelligence collective des groupes sociaux humains a pris des formes différentes et successives dans le temps : il y a d'abord eu l'intelligence collective originelle, celle des petits groupes, de la tribu, de la meute. On la trouve par exemple dans les équipes de football, chez les musiciens de jazz ou les acteurs de théâtre d'improvisation. Son mode

228 *In : L'Intelligence collective : pour une anthropologie du cyberspace*, 1994.

229 « Assessing a community's capacity to manage change: A resilience approach to social assessment, Canberra: Australian bureau of rural sciences », 2008, à consulter sur : www.adl.brs.gov.au

230 In : *Intelligence collective, la révolution invisible* (2004). www.thetransitioner.org/ic

d'expression est le corps, dans un espace physique dont l'architecture est intentionnellement conçue pour donner à ses acteurs la faculté de voir et percevoir l'ensemble de ce qui s'y déroule, dans un espace holoptique. Ce système est souple, adaptable, réactif et performant, mais il atteint vite ses limites : l'espace et le nombre de membres dans le groupe ne peut être infini !

En s'organisant en société, l'homme a dû trouver un autre mode d'organisation : par le biais de l'écriture, son mode d'intelligence collective est devenu « pyramidal ». En effet, l'écriture lui a permis de transmettre des directives, d'administrer, de compter. Ce système en pyramide est régi par les normes, une hiérarchie et des fiches de postes et se révèle donc par là même rigide et peu adapté au changement : l'information est une ressource distribuée avec parcimonie par l'autorité, le travail est divisé et chacun effectue une tâche spécialisée. De fait nous sommes là dans un système panoptique (opposé à l'holoptisme) où l'information converge vers un point central (souvent situé en haut de la hiérarchie) en étant partiellement, voire pas du tout, accessible aux autres membres. Les armées, nos administrations et la majorité des entreprises sont généralement organisées de cette manière.

Heureusement, depuis l'émergence d'Internet et des réseaux sociaux, une troisième forme est apparue : il s'agit de l'intelligence collective globale. Ses caractéristiques sont identiques à l'intelligence collective originelle, mais en bénéficiant des systèmes de communication actuels elle s'affranchit des limites du nombre et de la distance. Ici, les individus collaborent de leur plein gré, sans structure hiérarchique dirigiste, dans un but commun. Il s'agit d'une véritable révolution qui bouleverse les modes de collaboration au niveau de la société, et donc de l'entreprise.

In fine, cette logique connectée propre à la mentalité 2.0 et à l'intelligence collective globale incite les organisations à redevenir « organiques », en relation avec le vivant en elle, connectées avec le facteur humain – entendu non seulement comme compétence technique et savoir-faire mais surtout comme potentiel de création quasi illimité des hommes et des femmes qui composent cet organisme, avec leur énergie, leur croyance, leurs émotions, leur capacité d'adaptation, d'agilité, leurs doutes, et leur confiance ; bref, leur humanité ! Qu'attendons-nous pour passer d'un management des ressources humaines à une coordination des richesses humaines ?

Du capital humain au management collaboratif

Le modèle tayloriste caractérisé par une organisation toute bureaucratique et verticale prend actuellement un léger « coup de vieux ». Le fameux « contrat social moderne[231] » paternaliste est en train de vaciller alors que les jeunes ayant grandi avec une souris dans la main arrivent sur le marché du travail. Cette nouvelle génération Y dont nous vous avons déjà parlé dans le premier chapitre n'est pas sans causer certains remous dans l'entreprise. Sa particularité ? Remettre en cause le modèle organisationnel pyramidal cher au management traditionnel. Pour elle, les rapports sociaux au sein de l'entreprise sont essentiels, comme il est essentiel de mettre en place un mode de travail plus collaboratif dans lequel le partage d'idées est naturel. Alors que de nombreux projets liés au développement durable échouent dans les organisations en raison du cloisonnement entre services

231 *Sociologie des organisations*, Lusin Bagla-Gökalp, 1998, La Découverte.

et du manque de transversalité, cette génération sera peut-être plus à même de faire évoluer le développement durable dans les services!

Autre frange de la population en émergence, plus discrète cependant mais bien réelle et présente dans toutes les sphères de la société: ceux que le sociologue Paul H. Ray et la psychologue Sherry Ruth Anderson nomment les «créatifs culturels». Des millions de personnes[232] qui sont en train de transformer leur vision du monde, jour après jour, en revisitant tous les aspects de leur vie et en inventant des réponses inédites et plus authentiques. Sur tous les continents, les créatifs culturels prennent leurs distances, autant au travail que dans leur vie personnelle et sociale, avec la société de consommation. Ouverts aux valeurs de l'écologie, adeptes du développement personnel, soucieux de remettre l'humain au cœur de la société, très impliqués socialement, souvent au niveau local, eux aussi sont en besoin constant et toujours plus intense de trouver un moyen de contribuer au monde et de partager leur vision avec le collectif qui les entoure, jusque dans leur activité professionnelle.

Dans un contexte marqué par les conflits syndicaux, les délocalisations, les injustices sociales, les suicides, etc., il est d'autant plus urgent d'adopter une nouvelle gouvernance qui permette aux individus de transcender leurs peurs et leurs ambitions personnelles pour laisser enfin la place aux valeurs humaines de la coexistence les plus fondamentales. Pour répondre

232 *L'Émergence des créatifs culturels*, enquête sur les acteurs d'un changement de société, Paul H. Ray & Sherry Ruth Anderson, éditions Yves Michel, 2004. Composant moins de 4% de la population nord-américaine avant les années 1960, ils rassemblaient 26% de la population adulte en 1999 (50 millions d'adultes), et 34,9% de la population adulte en 2008 (80 millions d'adultes). En France, 17% de la population en ferait partie.

aux enjeux économiques sociétaux et environnementaux, il est primordial d'ouvrir la porte à une nouvelle culture entrepreneuriale qui donne au collectif son véritable sens.

Au-delà du capital humain (technique et compétences), l'essentiel est donc d'investir urgemment dans le capital « social » et sa capacité à valoriser le fait d'être ensemble, dans une communauté de destin. Plus encore que la mise en réseau des compétences et de l'information, c'est vers une cogouvernance de l'organisation que nous devons nous diriger. Là est tout l'enjeu du management collaboratif.

Vers une nouvelle discipline du management : l'orchestration du « co »

Beaucoup de managers, biberonnés aux fiches de postes et à l'organisation pyramidale finalement très confortable pour conserver le pouvoir et asseoir leur autorité, peuvent légitimement s'inquiéter pour leur statut dans le cadre de la mise en place d'un management collaboratif. En effet, si leur rôle évolue vers plus de cocréation, leur comportement va devoir aussi évoluer.

Dans le cadre d'une organisation collaborative, les managers doivent faire preuve d'une nouvelle forme de dirigisme : il leur faut passer de compétences managériales verticales sur les collaborateurs à une posture horizontale de « facilitateurs » de leur propre collaboration. Il n'est plus question ici de déployer des compétences particulières sur le fond (connaissance, compétence, technicité), mais plutôt de développer une posture d'animation de cette intelligence présente dans le collectif. Les comanagers doivent travailler leurs capacités relationnelles et interpersonnelles pour cultiver une intelligence plus « émotionnelle ». Fait inhabituel, on leur demande à présent de coordonner leurs équipes sans centralisme et d'animer les projets sans hiérarchie. Il ne s'agit donc plus de dire aux collaborateurs ce qu'ils doivent faire, mais offrir un cadre de ressources (temps, moyens, informations, etc.) dans lequel ils s'organisent pour effectuer leur travail en accord avec la raison d'être du projet.

Le challenge est de lâcher prise : déléguer ne réduit pas l'autorité et n'empêche pas la reconnaissance, au contraire. Il faut également être en mesure d'avancer dans les projets sans savoir à l'avance quelle sera la meilleure solution possible qui sortira du travail collaboratif : il s'agit de faire confiance à la capacité du collectif pour générer lui-même ses propres clés d'innovation, d'accepter une part de chaos et laisser faire le vivant. Pour Olivier Zara, nous devons en quelque sorte échanger le « Chief Executive Officer » contre un « Chief Chaos Officer[233] » en charge de maintenir l'esprit et l'intention du projet commun pour tenir à distance l'anarchie créative et laisser émerger les idées.

Enfin, le manager nouvelle génération doit aussi être en mesure de gérer les tensions sous-jacentes à l'élément humain[234] qui, éminemment émotionnel, ne fait pas facilement l'économie des ego et des confrontations de croyances au sein de l'espace collectif. Pour cela, l'écomanager doit être capable de développer une confiance suffisante dans la sagesse du collectif : le management collaboratif peut donc facilement être assimilé à

233 Jeu de mot sur Ceo (l'équivalent de Pdg en français). In : *Management de l'intelligence collective, vers une nouvelle gouvernance*,2005, M21 Éditions.
234 Elément humain cher à Will Schutz, in : *L'Élément humain*, 2010, InterÉditions.

l'art de « refaire société[235] » et à l'entrée dans « une économie de l'adapation[236] ».

La révolution du comanagement est en marche : exemples

Toutes les fonctions de l'organisation (communication, recherche et développement, formation, marketing, etc.) sont aujourd'hui impactées par l'émergence de ce management collaboratif éminemment adapté à l'instauration de pratiques plus responsables.

Comment traduire cela concrètement sur le terrain ? Chez Lexmark, leader mondial de machines et de solutions d'impressions, on s'est interrogé sur la prise en compte du développement durable dès 2007 à la faveur d'une rencontre avec un étudiant fraîchement sorti d'Hec. Les multiples approches que sont l'écoconception, l'économie de fonctionnalité, le marketing responsable, etc., ont été testées de manière collective courant 2008, via la mise en place de sept groupes de travail regroupant plus de 80 salariés issus de services et de l'ensemble des filiales du groupe[237].

L'opération s'est déroulée en plusieurs étapes : des exemples d'innovation durable réussis ont d'abord été présentés aux salariés, puis les salariés ont été invités à s'exprimer lors d'une session de réflexion collective étalée sur plusieurs mois (plus de 100 réunions et visioconférences). Ce travail a permis de dégager plus de 400 idées innovantes, allant de l'écoconception des

---

235 Le mouvement « Art of hosting » développe un ensemble de réflexions autour de cet « art » du management par la facilitation : www.artofhosting.org

236 D'après l'entrepreneur Michel Hervé et le philosophe Thibaud Brière, *Le Pouvoir au-delà du pouvoir*, 2012, François Bourin éditeur.

237 Article du magazine *Décisions durables* #8, octobre 2010.

imprimantes, à la gestion de l'énergie et à leur recyclabilité. Une manne d'informations pour la direction générale américaine qui a ensuite sélectionné les idées les plus innovantes et directement applicables.

Depuis, cette démarche est intégrée au processus managérial de l'entreprise : les salariés prennent part à l'innovation et se sentent à présent libres de contribuer aux avancées durables de leur entreprise. Fini, donc, le chercheur fou au fin fond de son laboratoire réfléchissant seul à une solution nouvelle, comme dans la nature, la solution pour l'écosystème est dans l'écosystème !

Autre exemple tout aussi parlant, les réseaux d'échanges réciproques des savoirs (Rers) qui permettent de compléter l'action de formation de l'organisation en allant puiser dans la ressource déjà présente en interne. De la sorte, l'entreprise pallie les besoins en compétences de ses salariés via un mode d'échange original fondé sur les valeurs de confiance, de confidentialité, d'égalité et de réciprocité (quand on reçoit un savoir ou une compétence via le réseau, on doit en contrepartie en offrir un). Alors qu'il existe aujourd'hui plus de 700 Rers dans le monde, cette pratique a été introduite dans la division Courrier de la Poste en 2006. Les salariés peuvent y partager leurs connaissances (utilisation de logiciels, comptabilité d'un centre de courrier, plan de maîtrise des risques, etc.), savoir-faire (gérer les absences prévisionnelles, utilisation d'intranet, mener un dossier disciplinaire, mener une réorganisation, etc.) et leurs expériences vécues (gestion de conflit social, accompagnement d'un salarié en difficulté, distribution du courrier en zone sensible, etc.). Après trois ans d'existence, le réseau compte 700 participants (sur 180 000 salariés, cela relativise le succès, mais la dynamique est lancée), 2 500 offres et demandes, et 400 échanges effectifs

– un bilan à prendre avec recul car les échanges s'effectuent souvent en dehors de l'outil de mise en relation[238]. Une initiative intéressante qui ressemble à de l'entraide entre salariés organisée par l'entreprise, mais qui ne doit pas lui économiser de former convenablement ses collaborateurs.

Les réseaux sociaux d'entreprises sont un autre exemple marquant de ces évolutions : essor du travail à distance, besoin de fédérer les salariés, d'informer, apprendre et favoriser l'innovation, etc. Voilà bien un outil stratégique et managérial parfait pour la collaboration. Le réseau social étant par nature collaboratif et moins figé qu'un intranet « classique », la direction peut ainsi optimiser la communication entre elle et ses salariés, avec une interactivité inimaginable il y a encore quelques années.

Ainsi dès 2008, Danone mettait en place Danone2.0[239], un réseau social interne ayant pour vocation de « *placer l'humain au cœur de la démarche et intégrer des modes de coordination dépassant les limites de l'organigramme*[240] » : la mise en œuvre du réseau a elle-même été collaborative, invitant les équipes à se pencher sur des thématiques transversales de l'entreprise – l'environnement, la distribution de ses produits dans les pays émergents ou encore les enjeux liés à ses marques clés. Aujourd'hui le réseau compte 10 000 utilisateurs réguliers et 250 communautés actives.

Mi-2010, c'était au tour d'Alcatel-Lucent de lancer « Engage », un réseau social interne qui enregistre 59 000 profils (sur près de 80 000 salariés) dont 15 000 se connectent au moins une fois par semaine : « *Le réseau a été créé dans une optique sociale, mais s'est vite révélé être une brique essentielle du collaboratif*

238 www.rers-courrier.fr

239 Source spéciale *Les Échos* (26 et 26 novembre 2011).

240 Selon Nicolas Rolland, directeur de la prospective sociale de Danone.

au sein de l'entreprise » souligne Stéphane Lapeyrade, responsable médias sociaux chez Alcatel-Lucent.

Les derniers chiffres du marché du logiciel social d'entreprise témoignent de l'importance grandissante de cet outil, qui pesait déjà 500 millions de dollars en 2010. Selon une étude Idc[241], publiée le 21 juin 2011, il s'élèvera à 2 milliards de dollars en 2014. À en croire la dernière étude de l'Observatoire de l'Intranet, cette collaboration numérique est bien installée : présence d'espaces collaboratifs dans 60 % des Intranets (+10 % par rapport à 2010) et 85 % des intranets devraient en disposer en 2012.

Ces outils sont de plus en plus employés par les entreprises pour rassembler les collaborateurs autour de sujets les impliquant personnellement dans leur choix et collectivement dans leur action : une aubaine pour les informer et les mobiliser autour des sujets de responsabilité sociale d'entreprise ; les réseaux sociaux d'entreprise favorisent comme jamais le lien social, l'engagement et l'implication de tous au sein de l'organisation.

Maintenant que l'entreprise est prédisposée et en mesure de s'outiller correctement pour la mise en œuvre concrète de la collaboration au service du bien commun… elle n'a plus qu'à franchir le pas !

Let's CO !

Le nombre d'outils et de réseaux collaboratifs grandit chaque jour, mais au-delà de la facilitation et l'aspect pratique qu'offrent les solutions « en ligne », c'est bien d'une expérience vécue dont nous avons besoin pour trouver ensemble les solutions de notre

241 www.idc.fr

développement durable. Nous devons passer des clics aux déclics issus de la « relation » humaine, dans la capacité d'« être ensemble » dans une expérience commune.

Beaucoup d'entreprises ont développé leur management responsable par le biais d'outils de sensibilisation, tels les modules de *E-learning* (apprentissage en ligne), dans une présentation virtuelle de l'écosystème et de ses enjeux pour l'entreprise. Ces outils permettent certes de réduire l'empreinte écologique d'une formation en donnant la possibilité aux salariés de rester derrière leur écran plutôt que de se déplacer, mais ils ne donnent pas véritablement lieu à une dynamique collective entre les participants pour s'engager sur les solutions ! L'expérience nous a montré, au-delà de l'acquisition de compétences, qu'ils ne favorisaient pas nécessairement le passage à l'acte, et encore moins l'envie de collaborer dans une équipe ou une organisation pour partager des solutions.

Pour une ludification[242] des rapports sociaux d'entreprise

Autre outil ayant le vent en poupe pour tenter de mobiliser les salariés, les « *serious games* » (ou « jeux sérieux ») appelés également « *social games* » dans leur version la plus coopérative. On propose ici une simulation ludique d'une problématique plus ou moins complexe d'entreprise dans laquelle le joueur est invité à s'immerger. Ces jeux ont pour vocation de rendre attrayante la dimension sérieuse d'une formation en y instaurant une interactivité sur des objectifs ludiques issus des jeux vidéo traditionnels. Le hic, c'est que la sociabilité proposée ici est uniquement traduite par des représentations (avatars), et des interactions imagées ;

242 Tentative de traduction du néologisme anglais « gamification » qui consiste à rendre les activités humaines ludiques.

par ailleurs, n'oublions pas que la fonction sociale des jeux est de nous permettre de réaliser des choses collectivement là où les *social games* proposent un environnement préconçu et limité par des programmeurs. La collaboration « virtuelle » ne suffit pas pour sauver la planète !

C'est pourquoi se développent aujourd'hui en entreprises des approches ludiques laissant « jouer » un enjeu ou une situation (pas nécessairement lié au développement durable) pour se l'approprier pleinement : les techniques propres aux jeux de rôle comme le « théâtre forum » sont des moyens d'illustrer des situations de crise ou des sujets problématiques de la réalité sociale, économique, ou environnementale d'une organisation. Les approches de « constellations professionnelles systémiques » ou de mise en scène d'un collectif sont autant de moyens de mobiliser les individus de manière holistique et coopérative autour d'un sujet.

Afin de développer un environnement propice à cette conscience collective partagée, d'autres approches de management par la *ludification* font leur apparition : les jeux coopératifs permettent de créer du lien et d'enrichir notre capacité à vivre ensemble des sujets importants. Utilisés dans l'éducation, sur le lieu de travail, au sein de communautés, ces jeux peuvent être employés sur des notions variées comme l'économie, le changement social ou écologique, l'implication individuelle, l'organisation d'un collectif, etc. D'une certaine manière, ils nous aident à anticiper consciemment et inconsciemment le « monde réel » et faire l'expérience d'être ensemble. Saluons au passage l'initiative de plusieurs créateurs de jeux coopératifs, comme Terrabilis, le jeu du Tao, Bioviva, ou le petit dernier Co-opoly[243], pied de nez collaboratif à son illustre cousin, le Monopoly, un des jeux les plus vendus au monde, dont le principe est de vous faire devenir rapidement millionnaire grâce à la ruine de vos adversaires… *no comment!*

À vous la parole !

La coopération dans une organisation ne peut se réduire au partage d'idées. Dans une réunion en grand groupe, certains prennent la parole, d'autres restent passifs… Et si ce n'était plus vrai ? Au-delà des dispositifs d'interactivité proposés par les réseaux sociaux et les animations participatives émergent depuis quelque temps d'autres manières de se réunir et de travailler en intelligence collective et distribuée. Cela permet à tout l'écosystème de s'exprimer. Avec les enjeux actuels et la prise de conscience propre à chacun émerge un besoin énorme de se réunir autrement. Chaque individu a besoin de retrouver sa place dans du collectif, d'élaborer du sens, de partager ses idées et ses solutions pour ensuite s'engager avec d'autres. Les dirigeants cherchent également l'engagement de leur organisation et doivent trouver d'autres façons de s'y prendre. C'est pourquoi apparaissent des méthodologies éprouvées permettant d'animer de petits et grands groupes (d'une dizaine à plusieurs milliers de personnes) pour favoriser la cocréation de thèmes qui se posent à eux : ce sont des « processus ouverts », où les participants coconstruisent la réunion de manière itérative et émergente selon la configuration de l'écosystème.

Parmi les approches les plus connues se trouvent le Forum ouvert et le World Café. Peu répandues encore à ce jour en

243 www.coopolygame.com

France, elles émergent dans de nombreux pays d'Europe.

Imaginé par Harrison Owen vers la fin des années 80, le Forum ouvert[244] est une façon simple mais dynamique de travailler en groupe (de 5 à 2000 personnes) et de susciter l'enthousiasme, la créativité, la collaboration et l'engagement personnel des participants. Ces derniers fixent eux-mêmes l'ordre du jour, selon les thématiques chères à chacun. Habituellement, des priorités sont fixées, des plans d'action sont élaborés et des groupes d'action sont organisés, éventuellement sous la forme de pause café (!). Cette façon de faire aide l'organisation à accepter le « chaos » naturel inhérent à l'animation d'un groupe, à capter le savoir collectif et à maximiser le potentiel individuel et collectif.

Autre processus d'intelligence cocréative, lui aussi ouvert et très facile à mettre en œuvre, le café du monde (World Café). Ce processus créatif vise à faciliter le dialogue constructif et le partage de connaissances et d'idées en vue de créer un réseau d'échanges et d'actions. Imaginé en 1995 par Juanita Brown et David Isaacs[245], ce processus reproduit l'ambiance d'un café dans lequel les participants débattent d'une question ou d'un sujet en petits groupes réunis autour d'une table. À intervalles réguliers, les participants changent de table. Un hôte reste à la table et résume la conversation précédente aux nouveaux arrivés. Les conversations en cours sont alors « pollinisées » avec les idées issues des conversations tenues précédemment avec les autres participants. Au terme du processus, les principales idées sont

244 Appelé également « Open Space Forum », www.openspaceworld.org

245 « The World Café: Shaping our futures through conversations that matter » Juanita Brown et David Isaacs, Berrett-Koehler Publishers Inc., 2005.

résumées au cours d'une assemblée plénière et les possibilités de suivi sont soumises à discussion[246].

Ces différentes techniques permettent d'activer l'intelligence collective : celle-ci ne peut être vécue que si on lui donne les moyens de se déployer, en veillant à l'expression égale des participants. Cette gouvernance par équivalence remet sérieusement en cause l'organisation classique de l'entreprise.

Pour une gouvernance latérale

Le modèle pyramidal est peu adapté aux prises de décision par concertation, il souffre d'une maladresse de format pour gérer les tensions du collectif et faire émerger des propositions collectives.

L'idéal de la gouvernance classique ressemble à la démocratie, même si la majorité éclipse souvent les minorités dans une prise de décision, dans une logique injuste et contre-productive pour l'intelligence de l'ensemble : on ne fait pas ici l'expérience totale de la collaboration.

Plusieurs approches alternatives voient le jour depuis peu dans les processus de gouvernance des entreprises : la sociocratie, par exemple, est une nouvelle manière de diriger les organisations, des petites associations aux plus grandes entreprises. Elle vise l'efficacité à travers la collaboration active de tous les membres impliqués, ce qui renforce le sentiment d'appartenance de chacun.

La « sociocratie » est un mot inventé par Auguste Comte au début du XIXe siècle. De racines latines *societas* (société) et du grec *kratos* (autorité), le terme a été repris plus tard par Gérard Endenburg, ingénieur hollandais dans les années 1970

246 Pour découvrir les possibilités du World Café : www.theworldcafe.com

pour concevoir des processus et une méthodologie applicable dans l'entreprise familiale qu'il dirigeait. Atterré par les conflits permanents au sein du comité d'entreprise, il décide de stopper le développement économique de la société pour se consacrer à améliorer son organisation. Il invente alors une méthode reposant sur la prise de décision qui n'appelle «*plus aucune objection argumentée d'aucune personne*». De nombreuses organisations utilisent la sociocratie en France et dans le reste de l'Europe, en Amérique latine, en Inde, aux États-Unis et au Canada.

Une autre forme de gouvernance holistique, l'holacratie, se développe également depuis peu en un modèle d'organisation avant-gardiste qui permet d'inclure et de transcender les tensions d'un collectif en se concentrant sur sa raison d'être. Cette approche peut doter l'entreprise d'une capacité d'autotransformation permanente et permet de désintoxiquer les tensions latentes dans l'organisation.

La pyramide représentée à la page ci-contre (*d'après Oscar Berg, licence Creative Commons*) aide à comprendre en quoi ces techniques peuvent approfondir les modes relationnels collaboratifs sur des dimensions qui sont encore peu prises en compte. Avant de répondre à un objectif, le collectif doit être avant tout l'expression d'une collaboration sociale permettant de nourrir des relations interpersonnelles sur des aspects moins fonctionnels (rencontres, échanges d'idées, partage de valeurs, etc.).

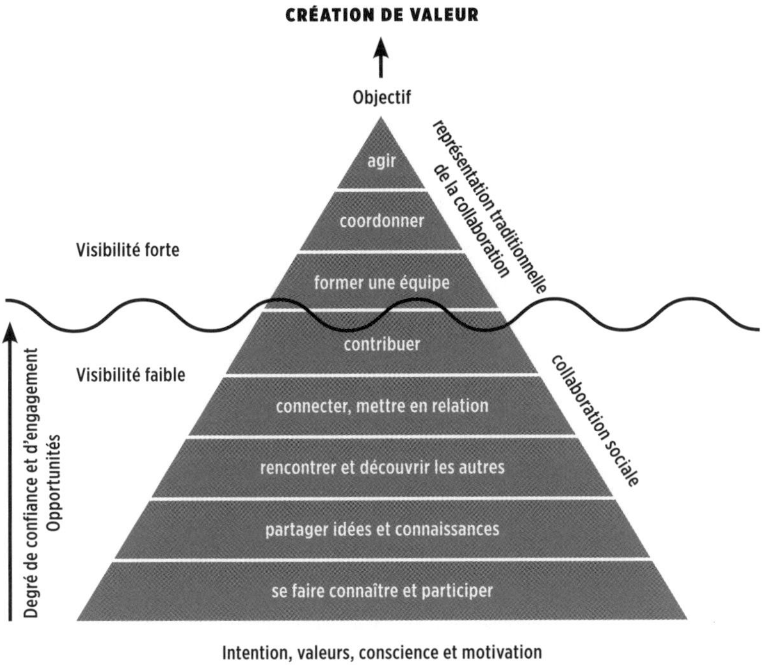

Co-imaginer un futur souhaitable

Le plus dur dans un contexte de crise est de répondre aux enjeux tout en se projetant dans de nouveaux modes d'organisations. Deux types de comportements sont observés alors, la tendance au repli vers les schémas du passé, ou les réactions au plus pressé faisant appel à des remèdes de première urgence. Otto Scharmer, maître de conférences au Mit (Boston) propose une autre voie, la « Théorie U[247] », qui intègre à la fois expériences passées, situations présentes et conscience de l'avenir. Cette approche

247 *Théorie U., diriger à partir du futur émergent*, Otto Scharmer, Pearson, 2012.

est une véritable invitation à marquer une pause, à percevoir nos automatismes puis à les transformer et à les revivifier par notre action individuelle et collective.

Le « U » est un parcours en cinq étapes simples – initier, percevoir, être présent, créer, déployer – par lesquelles il s'agit d'intégrer collectivement une conscience approfondie des situations et des enjeux, de développer de nouveaux modes d'émergence des solutions possibles pour mieux « prototyper le futur », et de rénover l'approche collaborative et la conduite de projets. La théorie U parvient ainsi à modéliser un processus adaptable à tous types d'organisations, une approche profondément vivante et évolutive du management, fondée sur une pleine conscience de l'urgence qu'il y a à mettre en œuvre des solutions globales et durables, ensemble.

Autre méthode participative et qui semble porteuse d'une réflexion prospective et collaborative sur les enjeux du développement durable, la démarche développée par The Natural Step (Tns), un organisme sans but lucratif implanté dans une quinzaine de pays dont la France depuis 2005 dont l'objet est axé sur le travail éducatif, consultatif et la recherche dans le domaine du développement durable. Depuis 1989, The Natural Step a collaboré avec des milliers d'entreprises, de municipalités, d'institutions d'enseignement et d'Ong pour les aider à intégrer de manière participative les enjeux de la Rse. La démarche mise en œuvre par Tns prend toute sa valeur dans une application collective (comité de direction, équipe projet, projets multi-acteurs, etc.). Elle permet aux participants d'utiliser un langage commun quelles que soient leurs fonctions et compétences et rend ainsi possibles dialogue, participation, transversalité, coconstruction et intelligence collective pour faire un bilan, créer collectivement des solutions durables pour l'avenir et déterminer des plan d'actions.

Bien d'autres méthodes participatives permettent de développer une vision anticipatrice pour l'avenir d'une organisation ou d'un groupe[248]. Pour choisir, l'essentiel est finalement de trouver (ou mieux : inventer) la méthode qui s'articule avec les sujets à aborder, et respecte la configuration organique du collectif et sa culture. C'est donc bien au co-manager de poser un cadre propice et suffisamment créatif pour favoriser l'expression du collectif. Tout comme dans la nature, le vivant s'exprime de multiples manières et la forme s'adapte à la fonction !

Notons simplement qu'il est regrettable que certaines méthodes fassent l'objet d'une certification, voire d'une licence de marque – un positionnement quelque peu en décalage avec l'esprit de partage et d'ouverture que nous privilégions dans la mise en œuvre d'une collaboration. Hélas, le copyright n'est pas encore soluble dans la corévolution…

Les limites de l'intelligence collective

Pour résumer, on l'aura compris, l'intelligence collective est une approche ouverte qui repose sur la liberté d'appartenance à un processus. Parce qu'ils trouvent un bénéfice à collaborer, les individus s'engagent volontairement et de façon autonome dans une communauté délimitée dans le temps et l'espace. La structure ainsi élaborée est parfaitement horizontale, sans aucune hiérarchie.

Les interactions constantes et la diversité sont indispensables au fonctionnement de cette intelligence : la diversité des connais-

248 On recensera parmi elles Future Search, Real Time Strategic Change, l'atelier de construction de *scenarios*, la consultation délibérative, les approches en focus group, etc.

sances, des compétences, des points de vue, des interprétations, des modes de raisonnement, etc. C'est le système qui fait sens.

Enfin, l'intelligence collective est régie par un ensemble de règles simples, tacites ou explicites, le plus souvent issues de l'autorégulation de la communauté elle-même. Partager des expériences et des pratiques favorise l'émergence d'une conscience commune.

Paradoxalement, cette autorégulation contient précisément en germe les limites de ce processus : certains n'osent pas toujours dire ce qu'ils pensent, d'autres peuvent accepter passivement certaines informations ou états de fait et il est nécessaire de se méfier de la tyrannie de la majorité[249] – s'il est possible de valoriser systématiquement l'opinion d'un groupe au détriment de l'avis d'experts, cela pose la question de la sagesse des foules et de la toute puissance attribuée par certains au collectif ; d'où l'importance d'outils régulateurs répartissant le pouvoir de manière équivalente…

Soulignons également que tout n'est pas à jeter dans la présence d'une structure hiérarchique ! Elle est même parfois requise pour huiler les rouages de l'intelligence collective et le « tout collaboratif » n'est pas forcément la panacée : comme le remarque Sophie Peters, à l'heure du tout connecté, du travail en réseau et des séances de « remue-méninges » (*brainstorming*), des voix s'élèvent pour dénoncer l'idéologie du collectif et réhabiliter les introvertis, les timides et les solitaires.

Rappelons-nous l'auteure américaine Susan Cain (citée dans le premier chapitre) qui, à ce sujet, dénonce la culture de l'hypermodernité dans laquelle tout échange valable se base sur les

249 A. de Toqueville, *De la démocratie en Amérique, 1835 et 1840.* Sur la sagesse des foules, voir l'ouvrage de James Surowietski, op. cit.

réunions, les espaces de travail partagés et les réseaux intranet. La vogue de l'intelligence collective postule la grégarité comme moteur de la créativité et de l'efficacité. La tendance au tout collaboratif ne doit pas stigmatiser le solitaire comme un suspect!

Les travaux des psychologues Mihaly Csikszentmihalyi et Gregory Feist montrent aussi que les plus créatifs sont souvent introvertis parce qu'ils seraient plus à l'aise dans le travail solitaire et mieux concentrés sur la tâche. Le psychologue du travail Lutz von Rosenstiel souligne, de son côté, que les individus se révèlent bien plus féconds lorsqu'ils sont seuls que dans les processus de groupe. Trouver une idée serait donc un travail individuel tandis que les évaluations et les mises en projets seraient plus du ressort du groupe. Résultat: pour Susan Cain, la timidité et l'introversion sont sous-évaluées dans un monde qui fait la part belle au charisme et au fameux «*Personal Branding*» (terme anglais qualifiant les modes de promotion personnels facilités par les réseaux sociaux). D'où son credo de repenser notre approche de l'anxiété sociale en respectant les introvertis et en les encourageant à utiliser leurs qualités.

Autre élément à signaler ici: le besoin d'associer au management participatif une démocratie participative. «*Un management participatif crée des attentes qui ne peuvent à terme être satisfaites que par une organisation elle-même participative*» soulignent Michel Hervé et Thibaud Brière en posant ainsi la question du pouvoir au sein de l'entreprise[250].

On le comprend donc aisément: l'intelligence collective et collaborative ne se décrète pas, elle se ménage! Il faut pour cela déhiérarchiser, privilégier une organisation en réseaux aux niveaux

250 Michel Hervé et Thibaud Brière, op. cit.

opérationnels et fonctionnels, user de concertation, de médiation et de comanagers. Ce qui n'est pas toujours tâche facile : la collaboration, incompréhensible pour certains, peut même être facteur de stress pour d'autres, illustrant alors une crainte de perdre le pouvoir, un blocage émotionnel (peur de collaborer « avec cet autre » différent de moi) ou cognitif (pas assez d'expérience ni de « compétence » en intelligence collaborative).

La collaboration : une prise de tête ?

Prenons le temps de comprendre les mécanismes qui nous rendent aptes, ou non, à la collaboration.

Les neurosciences[251] ont fait des découvertes fascinantes en termes de compréhension du fonctionnement du cerveau humain et de ses comportements. Ces découvertes ont été largement reprises et adaptées dans des pratiques nouvelles que sont devenues la neuropsychologie, la neuro-économie (voisine de l'économie comportementale), le neuromarketing, le neuromanagement[252], etc. Elles font également l'objet d'études approfondies sur nos comportements relationnels et notre capacité de collaboration interpersonnelle et collective.

Nos cerveaux en tiennent une couche

Dès 1969, John Mac Lean, médecin et neurologiste américain, a été parmi les premiers chercheurs dans le domaine et a défini la

251 Les neurosciences sont un champ d'étude interdisciplinaire à vocation de recherche et de compréhension des mécanismes du cerveau et ses interactions sur les processus de cognition et les comportements (Ochsner & Lieberman, 2001).

252 Le neuromanagement est une pratique issue des neurosciences, pratiquée en entreprise et permettant de mieux prendre en compte les atouts et les contraintes de l'intelligence humaine (cognitive et émotionnelle) dans le management.

notion du cerveau triunique. Pour lui, notre cerveau s'est développé par couches successives au cours de l'évolution humaine : la toute première « couche » à se développer fut le cerveau reptilien, dédié à la survie, qui gère les réflexes « primaires » en cas de danger (pour schématiser, il dispose de trois réactions possibles : le combat, la fuite ou l'immobilisme).

La deuxième couche à se développer fut celle du cerveau limbique, lorsque les mammifères se sont réunis en troupeau : véritable fief dans lequel naît la notion d'appartenance, c'est le cerveau du jeu, des rêves et des émotions.

Vint enfin le cerveau préfrontal, dernier stade de l'évolution qui n'existe que chez les humains et les grands singes : il nous aide à faire face aux situations nouvelles ou complexes. Berceau de notre créativité, il nous permet de penser différemment, d'imaginer des solutions hors des sentiers battus et, chose intéressante, de collaborer ! Là où le limbique (la seconde couche de cerveau) gouverne les automatismes et s'appuie sur une banque de situations de référence passées auxquelles sont associés des comportements prédéterminés, le préfrontal bénéficie d'une mémoire plus parcellaire qu'il utilise comme une base de recherche et d'exploration infinie, justement propice à la créativité.

Quel parallèle pouvons-nous faire avec le mode d'organisation du cerveau et celui de l'entreprise moderne ? Le professeur Gareth Morgan[253] propose une allégorie intéressante : le cerveau limbique ressemble à la culture d'entreprise et à ses processus binaires et linéaires, qu'ils soient implicites ou explicites. Le préfrontal ressemble à notre capacité de projection, de prospective – une mine de potentiels et de connaissances à exploiter et à maximiser

253 In : *Images de l'organisation*, éditions De Boeck,1999.

par les possibilités de connexions, et donc de collaboration entre les personnes. Quand le premier système pilote nos organisations, le second peut nous mettre sur la piste de l'innovation et de la résolution de problèmes persistants et complexes - même si nous ne sommes pas encore certains de la façon de l'utiliser, ni d'où cela va nous conduire.

Les praticiens de la neuropsychologie s'accordent même à dire que si on comparait la structure de notre cerveau à la société actuelle, la politique serait au stade reptilien, l'éducation au stade limbique, et l'entreprise en phase d'apprentissage préfrontal...

Mais si la collaboration est «disponible» dans le cerveau préfrontal, la collaboration entre entreprises et à l'intérieur de l'entreprise demande de mettre en œuvre une révolution cognitive et comportementale pour travailler la confiance en l'autre et permettre ainsi la possibilité d'un travail commun. Nous sommes donc invités à relâcher nos points serrés et fermés (dirigés par le cerveau reptilien), pour faire un chemin finalement très long, et parfois douloureux pour certains, vers le lobe préfrontal, le seul à même de considérer l'autre comme un élément à part entière de mon écosystème, bénéfique à mon évolution et à mon développement, bref, un partenaire !

Le souci, c'est que l'entreprise n'est pas le meilleur endroit pour ce genre d'exercice: si la structure pyramidale du management et l'organisation en silo formatent outrageusement les comportements comparatifs et compartimentés, elles renforcent aussi cognitivement l'esprit de compétition entre salariés et entre firmes. Cela ne favorise donc en rien la possibilité d'ouvrir les mains, et encore moins son esprit, à la possibilité de collaborer.

Un cerveau vert, c'est possible ?

Alors que les enjeux économiques et climatiques ne cessent à présent de faire partie de notre actualité quotidienne, rien ne nous incite à être plus attentifs et coopératifs envers les autres. Notre cerveau est-il en cause dans ce manque de réactivité collective ? C'est en tout cas la question étudiée par le Cred (Centre de recherche sur les décisions environnementales[254]) de l'université de Columbia, un laboratoire de recherche comportementale alliant analyse psychologique et économique pour étudier les processus mentaux qui façonnent nos choix, nos comportements et nos attitudes, en particulier par rapport aux questions environnementales.

Elke Weber, cofondatrice du Cred et professeure de psychologie et de management, nous confirme à quel point notre cerveau est capable de gérer le risque de plusieurs manières. Un système analytique, impliquant un examen raisonné des coûts et des avantages. Et un système émotionnel et primitif, qui nous fait réagir au danger.

En mode analytique, nous ne sommes pas toujours adeptes de réflexion à long terme : de nombreuses expériences ont montré que nous mesurons mal les bénéfices lointains et que nous sous-évaluons les résultats futurs. C'est la raison pour laquelle on préfère prendre une somme d'argent tout de suite plutôt que de prendre le double plus tard. Écologiquement parlant, cela signifie qu'il est peu probable que nous changions de mode de vie à long terme pour assurer l'avenir de notre planète. D'où le fait que nous sous-estimions le danger de la montée des eaux ou celui de la multiplication des sécheresses

254 www.cred.columbia.edu

et autres événements que nous n'avons jamais connus et qui de surcroît, semblent bien éloignés dans le temps et dans l'espace. Pire, explique Elke Weber, les chercheurs semblent d'accord pour penser que nous avons un «*réservoir d'inquiétude limité*», ce qui signifierait que nous sommes dans l'incapacité cognitive de maintenir notre appréhension du changement climatique quand un autre problème (chute des marchés boursiers, urgence personnelle, etc.) se présente à nous. Enfin, nous sommes prompts à rassurer nos paniques émotionnelles en accomplissant une action concrète (achat d'un matériel plus écologique, soutien ou vote de bonne conscience), qui a surtout comme effet de diminuer notre facteur de motivation... tout en laissant la planète à peu près là où elle était avant.

Pour ces chercheurs, il est donc essentiel de comprendre comment nous prenons des décisions en situation d'incertitude et ce qui les motive. Lors d'une expérience visant à attribuer des labels écologiques à des produits, peu de participants se sentent concernés au premier abord, mais s'ils sont valorisés en leur expliquant qu'ils sont parties prenantes du label, la participation grimpe de 35 à 50%. Elle atteint même 75% quand on assoit les participants autour d'une table pour qu'ils définissent eux-mêmes le label. En ce sens, «*la coopération est un objectif que l'on peut activer,* explique Elke Weber, *nous avons besoin de savoir que nous faisons parti de groupes. Cela nous donne un plaisir inhérent à faire. Et quand on nous rappelle que nous sommes des morceaux de communautés, alors la communauté devient une unité.*»

Notons s'il fallait encore en douter que plus une personne est stressée face au développement durable et moins elle adopte les comportements adéquats en la matière, et vice versa: un étude menée en 2011 par l'Institut de médecine environnementale[255] sur les corrélations entre comportements face au développement durable et nos modes mentaux, démontre à quel point les personnes les plus angoissées par ces enjeux ne sont pas les plus actives pour y faire face. Traduit en couche de cerveau disponible, cela donne l'interprétation suivante : combattre, fuir, ou rester immobile.

• **En mode « combat » :** cela nous pousse à « attaquer », voire à « tuer » le message porteur de la mauvaise nouvelle dans une réaction allant de l'agressivité pure à la remise en question, en passant par l'ironie – des réactions auxquelles de nombreux écologistes se confrontent quand ils essayent de convaincre de la nécessité de moins polluer, de trier nos déchets, de covoiturer, etc.

• **En mode « fuite » :** on préfère ici cacher la réalité pour ne surtout pas ressentir la douleur que représente la nécessité de changer, et donc de collaborer avec ses pairs pour trouver des solutions. Les climato-sceptiques incarnent parfaitement cette posture, tout comme notre façon de nous concentrer sur les éléments futiles (par exemple, débattre du nombre de mètres dont vont monter les océans plutôt que de réfléchir à comment agir, etc.).

• **En mode « immobilisme » :** c'est l'illustration d'une anesthésie générale, un peu comme une sorte de latence au moment d'apprendre une mauvaise nouvelle, ou après un choc, c'est la stratégie du « *surtout ne pas bouger et attendre que ça*

255 Institut de médecine environnementale, « L'Approche neurocognitive et comportementale, une nouvelle grille de lecture pour identifier des leviers psycho-comportementaux du passage à l'acte dans le développement durable ? », 2011, étude dirigée par Jean-Louis Prata, www.ime.fr

passe», un peu comme procèdent certains animaux sauvages en attendant que le prédateur s'éloigne loin, très loin !

Toutes ces réactions sont finalement assez illustratives de nos multiples façons de réagir face à l'angoisse de la situation écologique et de la crise générale que nous traversons. Autant d'éléments qui plaident pour l'abandon des points de vue rigides, simplificateurs, juges et empiriques pour adopter une attitude curieuse, nuancée, relative et individualisée.

Par ailleurs, même si la prise de conscience individuelle des enjeux peut être mal vécue, le collectif représente un espace essentiel pour déposer une angoisse et admettre une impuissance individuelle à changer le cours des choses : partager ces ressentis permet de vivre une expérience commune indispensable avant d'envisager d'explorer ensemble les futurs souhaitables et s'engager ensemble dans des projets pour les atteindre.

Aujourd'hui, le sentiment collectif de responsabilité écologique (que Rifkin qualifie de « politique de la biosphère ») et la solidarité au niveau planétaire sont favorisés par nos multiples interconnexions : l'information en temps réel relayée par la force des réseaux sociaux se propage en renforçant notre empathie. Lorsqu'un drame ou une tragédie touche nos pairs, nous avons la capacité de nous identifier et de partager leurs souffrances. Cette capacité est une formidable opportunité pour redevenir, aujourd'hui, un coacteur du monde.

Rééduquer à la coopération

Nous devons maintenant nous défaire de certains automatismes inculqués dès le plus jeune âge : pour gagner, doit-on vraiment faire perdre l'autre ? Du Monopoly au football en passant par les concours scolaires et les jeux télévisés, cette manière de voir les choses se décline dans toute notre éducation. Notre esprit est structuré de manière à orienter, plus tard, les négociations vers la domination de l'autre. Dans cette optique, l'homme est un loup pour l'homme et la « loi de la jungle » guide les positionnements compétitifs.

Il serait temps en réalité de voir l'école comme le lieu où l'on apprend les enseignements fondamentaux tout en formant des citoyens qui sauront faire prévaloir l'exigence de collaboration face à l'état actuel de la Terre. Une éducation dans laquelle le pouvoir de chacun est au service de tous, avec au centre la coopération.

Certaines écoles publiques expérimentales et écoles alternatives - certes hors contrat avec l'État - tentent déjà d'introduire dans le système scolaire de nouvelles valeurs propres à la coopération : solidarité, liberté, respect, partage, tolérance, etc. ; des valeurs certes transmises par les écoles de la République mais qui proposent aux enfants de les explorer de manière cognitive et expérientielle. Leur pédagogie coopérative contribue à l'émergence de réponses aux problématiques sociales, individuelles et collectives de nos sociétés modernes : en impliquant les enfants et des adolescents à leur programme, le processus éducatif y est plus participatif. Cela permet de minimiser le « chacun pour soi » devenu norme pour valoriser la puissance de la solidarité et de la coopération. « *La pédagogie coopérative révèle à l'enfant les richesses, les énergies et la beauté du monde, qu'il offre gratuitement, généreusement à tout un chacun, abolissant ainsi l'idée que dans notre monde moderne, tout est marchandise* » explique ainsi Colibris, le mouvement pour la Terre et l'humanisme créé par

Pierre Rabhi[256], mouvement fer de lance, en France, des modes coopératifs porteurs de changement[257].

Notons à ce sujet que de nombreux pays pratiquent un mode éducatif éloigné des formats de cours magistraux propres à la France : les élèves sont incités à réfléchir avant les cours pour être en mesure d'échanger avec les professeurs pendant les enseignements, ce qui rend l'interaction beaucoup plus riche. Ce mode éducatif que l'on observe par exemple en Angleterre, aux États-Unis ou en Allemagne expliquerait-il les propensions plus larges à la collaboration dans ces pays ? Ne peut-on s'affranchir de contraintes physiques (rester assis des heures à sa table) et d'une structure pyramidale (du professeur vers l'élève) pour privilégier liberté, autonomie et horizontalité ?

D'autres initiatives émergent actuellement, tel Skillshare, créé en avril 2011 afin de révolutionner la démocratisation de l'éducation. L'astuce pour cela ? Réveiller l'enseignant qui sommeille en chacun de nous en créant une philosophie éducative très « XXIe siècle » : ici, tout le monde peut faire l'experience de transmettre son savoir spécifique puis, à son tour, bénéficier des connaissances des autres à travers la toile : place à une éducation qui a du sens, collaborative et accessible à tous ! Nous estimons que c'est la passion (plutôt que les institutions) qui doit guider l'éducation : n'est-ce pas un problème du système éducatif, en effet, que de ne pas donner envie parfois et de ne pas inspirer les élèves[258] ?

256 « Introduire la coopération dans la pédagogie », à lire sur www.colibris-lemouvement.org

257 « Coopérer pour changer », telle est leur devise.

258 www.skillshare.com

C'est donc collectivement que nous arriverons, aujourd'hui, à réconcilier monde des affaires et société, dans la mise en place d'un management organique, renouvelé et garant de la résilience de l'entreprise.

La question à se poser aujourd'hui est de savoir si les nouvelles méthodes dites « collaboratives » adoptées par le management des organisations sont suffisantes pour répondre aux enjeux du monde du travail et à l'expression concrète d'une responsabilité sociale des entreprises.

Il est encore long le chemin de la corévolution dans les pratiques managériales, mais soyez-en certains : il est inéluctable !

CONCLUSION

« La logique du cœur se réveille actuellement, nous incitant à rendre service aux autres. Cette évolution de la conscience qui inspire de belles choses est universelle et se réveille chez les gens de différentes manières. L'amour c'est l'expansion du moi pour inclure l'autre. C'est une révolution d'un nouveau genre, il n'y a personne contre qui se battre. »

Charles Eisenstein, 2012

Amis lecteurs, nous voilà arrivés à la fin de notre périple. Le programme fut dense, certes, mais témoigne par-là même de cette ébullition co-créative à laquelle nous assistons aujourd'hui.

Dans un monde soumis à de multiples crises, le web participatif facilite la mise en réseau d'hommes et de femmes du monde entier, renforce le sentiment d'interdépendance et sert la transparence des échanges : cette logique imprègne peu à peu notre façon de penser, d'agir, de consommer, de militer, d'entreprendre et de manager.

Dans ce contexte unique et, selon nous, particulièrement enthousiasmant, cette évolution sert – sans le vouloir ! – les enjeux du développement durable. Les réseaux sociaux favorisent indirectement l'adoption de modes de vie plus durables, ils permettent de convaincre grâce à l'exemple, en jouant sur les ressorts du mimétisme social. Ils permettent d'appuyer l'action des Ong et d'amplifier le poids des pétitions. Ils permettent aussi aux entreprises de co-créer de nouveaux produits et services et insufflent au final de nouvelles façons de raisonner.

En cheminant sur les voies de l'échange, on réalise à quel

point le partage prolonge la révolution de l'information. En toile de fond de ce passage de liens virtuels aux relations matérielles apparaît un constat simple: notre richesse nous appauvrit, et les sociétés fondées sur l'avidité et la compétition génèrent autant de résignés que de laissés-pour-compte. La croissance ne crée pas le bien-être de tous, elle engendre autant de déchets que de déchus.

La corévolution en actes

Au carrefour de la débrouille et de l'entraide, du *Do It Yourself* au *Do It With Others*, la consommation collaborative se situe à la croisée de l'économie domestique, solidaire et capitaliste; les modes d'échanges collaboratifs retricotent le lien social en insufflant à nos sociétés une forme de convivialité perdue. Dans nos sociétés occidentales en déclin, le «vivre-ensemble» et le «faire-société» n'ont jamais eu autant d'opportunités de s'exprimer à nouveau.

Ce changement résonne dans la convergence opérée entre monde marchand et non marchand. Le pouvoir de la société civile donne aujourd'hui une force encore jamais vue aux Ong qui se professionnalisent et disposent désormais d'un moyen de dénoncer et d'agir en trouvant une écoute attentive. Dans un village mondial menacé chaque jour un peu plus par l'urgence écologique, les entreprises redoutent la confrontation et s'ouvrent à de nouvelles postures. La coconstruction *in situ*, localisée et adaptée permet de capitaliser sur le savoir-faire et la force de frappe économique des unes en les mettant au service des autres.

Cette ouverture réciproque s'observe également entre structures marchandes et concurrentielles qui en viennent aujourd'hui à collaborer. La compétition cède du terrain à la coopétition puis à la collaboration radicale: il ne s'agit plus seulement de se rapprocher par opportunité d'affaires, mais parce que l'on partage des valeurs et le désir d'agir de manière responsable. Que cela soit voulu ou contraint, force est de constater que les choses avancent vite là encore ; dans un monde complexe, nous avons profondément besoin de collaboration.

Ce besoin profond est présent en chacun de nous et suffit à justifier le rôle fondamental joué par le facteur humain, aussi bien à l'extérieur des organisations qu'en leur sein. Les entreprises doivent aujourd'hui lui redonner sa juste place, apprendre à le ménager de manière transversale et équilibrée, en donnant l'opportunité à chaque collaborateur d'exister non plus à travers sa fonction, mais bien par l'expression de son individualité au sein du collectif.

Indirectement, on retrouve dans cette société qui se dessine les dimensions contenues dans le « cercle vertueux des 8 R » (réévaluer, reconceptualiser, restructurer, relocaliser, redistribuer, réduire, réutiliser, recycler) tel que défini par l'économiste et philosophe Serge Latouche. Un préfixe qui ne symbolise pas un retour en arrière, mais un changement radical de direction, par opposition au préfixe « sur » des sociétés dites « développées » (suractivité, surproduction, surabondance, surpêche, surconsommation, suremballage, surendettement, suréquipement, etc.) Un préfixe qui s'accorde avec les logiques de la « corévolution » (collaborer, cocréer, coconstruire, comanager, etc.) sans que celle-ci soit entendue aussi négativement que la société de décroissance. La corévolution est faite par les citoyens, elle s'impose par la force des choses, sans dogme ou militantisme[259].

259 Ce qui, précisons-le aussi, ne nous place pas non plus dans une perspective communiste – les idées de Karl Marx ayant d'ailleurs joué contre la diffusion des idées défendues par l'économie sociale et solidaire…

Mais est-il possible de définir plus en détail les valeurs défendues par la corévolution ? C'est une question que nous nous sommes posée fréquemment au cours de nos recherches.

Une nouvelle ère économique et sociale

L'émergence de ces nouveaux modes de consommation, de partage et de production est relativement récente : les contours de cette nouvelle ère économique et sociale sont fort clairs maintenant, mais il lui est nécessaire d'affirmer ses caractéristiques.

Parmi celles qui s'imposent à nous : l'attention portée sur les besoins et les usages des hommes ou des organisations, la capacité à allouer de manière plus efficace les ressources rares, le temps long nécessaire à l'instauration de relations de confiance, l'existence de capital relationnel bâti sur les comportements que l'on a développés au fur et à mesure dans les réseaux, la transversalité et l'horizontalité, le déploiement global en reposant sur des acteurs économiques et politiques locaux, les logiques relevant de la philosophie propre aux logiciels libres (notamment en termes juridiques) dont l'essentiel de la valeur est créé sous licence commune.

Mais bien plus encore, parler de la société du partage et de la collaboration ne nous économise pas d'une réflexion sur... notre économie ! Comme le souligne avec justesse Jean-François Draperi dans son petit livre *Rendre possible un autre monde*[260], « *l'association, la petite coopérative, le groupe solidaire, le débat entre amis, etc., sont autant d'amorces d'un changement global, imaginé, projeté, approché, déjà en train d'être vécu... Toutefois,*

260 P. 13/14, J.-F. Draperi est rédacteur-en-chef de la *Revue internationale de l'économie sociale.*

pour donner une consistance à ce projet de changement social, il faut concevoir son économie»...

Pour concevoir l'économie collaborative, soulignons donc quelques éléments qui pourront, on l'espère, guider les réflexions futures à ce sujet.

En premier lieu se pose la question de la teneur des échanges. L'économie de marché génère de la rareté là où la coopération génère de l'abondance, le capitalisme détruit l'échange social et économique là où la corévolution réconcilie logiques marchandes et objectifs durables. Dans cette «économie de la contribution[261]», le sens donné aux projets par les participants occupe une place centrale et l'argent ne doit plus être le moteur principal. Il s'agit donc d'une économie profondément sociale dans laquelle est soulevée, indirectement, la question de la monnaie, de l'intégrité et de la confiance. À terme, certains imaginent même que les ressources pourraient être allouées selon les relations sociales et non sur un mécanisme de prix ou un système hiérarchique[262].

Dans cette économie où les consommateurs participent à l'élaboration des produits qu'ils utilisent, le rôle des entrepreneurs est crucial pour faire évoluer les règles du jeu. Leur écoute des besoins citoyens tout autant que leur capacité à innover de concert avec leurs concurrents seront déterminantes pour l'avenir. Nous devons collectivement nous assurer de la préservation des biens communs.

Cette question a d'ailleurs été traitée par Elinor Ostrom, prix Nobel d'économie 2009. Pour elle, l'auto-organisation et l'autogouvernance sont efficaces pour gérer les ressources communes.

261 Voir à ce sujet les travaux de Bernard Stiegler.

262 Michel Bauwens, «Le Peer-to-peer est le socialisme du XXIe siècle», Rue89, février 2012.

Sa « *théorie adéquate de l'action collective auto-organisée* » plaide pour une action collective qui ne tourne pas obligatoirement le dos à l'État (on pense ici au rôle d'expert d'agences gouvernementales, par exemple) ou à l'entrepreneuriat mais définit ses propres règles et les moyens de leur suivi (elle montre l'utilité des « sanctions graduelles » et de l'intégration des normes, par exemple).

Cette vision a été complétée par l'économiste professeur à Harvard Yochai Benkler pour qui le mode de production et d'économie reposant sur les biens communs se différencie radicalement des conceptions traditionnelles de la production. Le tout est de comprendre à quel point nous nous dirigeons vers une économie décentralisée et non marchande : tout ce qui était social entre maintenant dans le cœur de l'économie, l'innovation est décentralisée, la créativité est décentralisée, la décentralisation de la participation démocratique facilite l'action politique. L'ensemble de ces changements s'applique à l'activité économique comme à la société civile, au point de développer cette jolie métaphore selon laquelle le pingouin de Linux défie aujourd'hui la société du Léviathan telle que décrite par Hobbes.

Ces nouveaux modes de fonctionnement économique posent la question du partage de l'information et des savoirs (comment favoriser un échange libre de l'information plutôt qu'une culture alourdie par les brevets et droits d'auteur ?), ainsi que le positionnement des États (notamment sur l'ouverture des données).

Cela interroge également les valeurs mises en œuvre : entreprises capitalistes, personnelles, publiques ou d'économie sociale ne mettent pas en jeu les mêmes valeurs. Si les démarches de coconstruction, de collaboration radicale et de management collaboratif s'appuient sur un référentiel « durable », il demeure que les initiatives de l'économie collaborative ne relèvent pas toutes de la même approche: peut-être justement du fait de ce positionnement à mi-chemin entre les quatre modèles dominants[263]?

Alors que l'économie sociale traduit par exemple les principes républicains dans ses pratiques (en remplaçant «Liberté» par «engagement volontaire», «Égalité» par «une personne, une voix» et «Fraternité» par «Solidarité»), l'économie collaborative a encore besoin de se nuancer pour affiner ses différentes incarnations au sein de chaque modèle économique présenté ci-dessus.

Reste à savoir pourquoi l'économie sociale, modèle le plus proche, dans l'esprit, de l'économie collaborative ne se développe pas plus aujourd'hui?

Est-ce lié au manque de sensibilisation? Au manque de valorisation accordé aux richesses que représentent les liens amicaux, les relations de voisinage et l'entraide? N'est-il pas curieux en effet de ne pas «compter ce qui compte[264] »?

Une civilisation collaborative

Si des travaux ont été menés en 2010 en France sur les nouveaux indicateurs de richesses[265], force est de constater que cela n'a rien changé: la majorité des économistes et des représentants

263 Voir le schéma situé sur le deuxième rabat de couverture de cet ouvrage.

264 À l'époque déjà, Robert Kennedy soulignait à quel point «*notre produit intérieur brut (...) comprend aussi la pollution de l'air, la publicité pour les cigarettes, et les courses des ambulances qui ramassent les blessés sur les routes. Il comprend la destruction de nos forêts et la destruction de la nature. Il comprend le napalm et le coût du stockage des déchets radioactifs. En revanche, le Pib ne tient pas compte de la santé de nos enfants, de la qualité de leur instruction, de la gaieté de leurs jeux, de la beauté de notre poésie ou de la solidité de nos mariages. Il ne prend pas en considération notre courage, notre intégrité, notre intelligence, notre sagesse. Il mesure tout, sauf ce qui fait que la vie vaut la peine d'être vécue*» (discours probablement écrit par l'économiste John Kenneth Galbraith).

265 Avec l'aide de Joseph Stiglitz et Armatya Sen, entre autres. Voir aussi les travaux du collectif FAIR.

politiques restent focalisés sur la sacro-sainte croissance et infligent des plans d'austérité, en vain, pour tenter d'enrayer les crises économiques et financières que nous traversons.

Or nous avons besoin aujourd'hui de nouveaux espaces publics de discussion pour que chacun puisse s'exprimer sur ce qui compte vraiment. Il est temps, dans une société qui va se « rendre service » de plus en plus régulièrement, de revaloriser la relation et le rapport social : construire une société de participation et du « vivre ensemble » revient à s'adresser à tous, aux plus éduqués comme aux plus exclus, les personnes âgées, les enfants, etc.

Changer la perception officielle du monde nous permettra, sans aucun doute, d'en modifier les priorités. D'ailleurs, de manière paradoxale, l'économiste Esther Duflo relève à quel point les gens sont plus responsables dans les pays pauvres que dans les pays riches, car ils doivent sans cesse faire des arbitrages de leur propre chef. Dans un pays comme la France, les citoyens obéissent à la loi et ne réfléchissent plus à l'utilité de ce qu'on leur impose (cf. certains vaccins, certaines mesures de santé publique, etc.).

Et c'est bien là la question de notre rapport à la société et à la « chose publique » qui est posée : s'il est facile de créer des communautés, il est plus difficile d'apprendre à coopérer. Cela demande beaucoup de pratique, de temps, de travail sur soi. Il est nécessaire d'être convenablement en mesure de coopérer : lorsque l'on n'est pas disposé à la coopération, l'échange n'est plus possible[266]. En prenant soin de notre intelligence émotionnelle et de l'intelligence collective, nous devons travailler notre

266 « Together: The rituals, pleasures and politics of co-operation by Richard Sennett – review », David Runciman, guardian.co.uk, 3 février 2012.

intelligence sociale, et saisir les opportunités de faire autrement qui se présentent à nous actuellement.

John Grant, l'un des pionniers dans l'analyse de la corévolution, utilise d'ailleurs le terme co-opportunité pour qualifier l'ensemble des solutions qui émergent aujourd'hui : la co-opportunité offre un schéma d'organisation sociétale à mi-chemin entre le village et la méga-machine décrits par l'historien américain Lewis Mumford. Elle offre une troisième voie qui peut être assimilée à un réseau de villages, avec une structure de production sociale similaire au fonctionnement de Linux ou Wikipedia, des médias sociaux, une consommation collaborative, des franchises communautaires, des villes en transition, des banques de temps et de systèmes de distribution de ressources gérés par des technologies intelligentes. « *Quand les gens réaliseront que ces modes de fonctionnement en petits groupes coordonnés peuvent également influencer les monnaies, les politiques institutionnelles et l'ensemble des économies, le changement sera encore plus important* » estime-t-il en fin observateur de nos sociétés.

C'est bien dans cet esprit que souffle le vent de la corévolution : pour cela, gardons la tête sur les épaules et les pieds sur terre, soyons plus à l'écoute de notre cœur, de notre biosphère, observons les additions et les contradictions de notre monde et améliorons, ensemble, tout ce qui peut servir l'Être, et donc l'avenir de notre civilisation...

Vive la corévolution !

ANNEXES

À co-sulter

Ouvrages généralistes

LIVRES

- Astruc L. (2012), *(R)évolutions, pour une politique en actes*, Actes Sud
- Benkler Y. (2011), *The Penguin and the Leviathan, How Cooperation Triumphs over Self-Interest*
- Benyus J. (2011), *Biomimétisme, quand la nature inspire des innovations durables*, Rue de l'Échiquier
- Bourg D. et Papaux A. (2010), *Vers une société sobre et durable*, PUF
- Caillé, Humbert, Latouche, Viveret (2011), *De la convivialité, dialogue sur la société conviviale à venir*, collection Cahiers libres
- Delannoy E. (2011), *L'économie expliquée aux humains*, éditions Wildproject
- Grant J. (2010), *Co-Opportunity, Join us for a Sustainable Resilient and Prosperous World,* Wiley
- Hessel S. (2010), *Indignez-vous!*, Indigène éditions
- Hessel S., Morin E. (2011), *Le Chemin de l'espérance*, Fayard
- Illich I. (2003), *La convivialité*, Seuil
- Latouche S. (2006), *Le pari de la décroissance*, Fayard
- Levain M., Tissier J. (2012), *La génération Y par elle-même*, François Bourin éditeur
- Mathevet R. (2012), *La solidarité écologique, ce lien qui nous oblige*, Actes Sud
- Raisson V. (2010) *2033, Atlas du futur des mondes*, Robert Lafont
- Sue R. (2011), *Sommes-nous vraiment prêts à changer*, éditions Les liens qui libèrent
- Dubois P. (2012), *La grande amnésie écologique*, Delachaux et Niestlé

SITES WEB

- www.co-revolution.com

Chapitre 1
Consommation collaborative

LIVRES

- Botsman R., Rogers R. (2010), *What's Mine Is Yours*
- Combe V., Perrier S., Pireyn B., Richard C. (2008), *Étude prospective sur l'économie de la fonctionnalité en France*, travail effectué par des étudiants du mastère spécialisé Management du développement durable, Hec
- Eisenstein C. (2007), *The Ascent of Humanity, The Age of Separation, the Age of Reunion, and the Convergence of Crises that Is Birthing the Transition*, Panenthea Productions - ouvrage en accès libres sur Internet: www.ascentofhumanity.com/text.php
- Eisenstein C. (2011), *Sacred Economics, Money, Gift, and Society in the Age of Transition*, Evolver Editions - ouvrage en accès libre sur Internet: www.reality-sandwich.com/homepage_sacred_economics
- Fing (2012), *Questions numériques 2012-2013*, www.fing.org/questionsnumeriques
- Gansky L. (2010), *The Mesh, Why the Future of Business Is Sharing*, Penguin Group
- Habib L. (2011), *La Force de l'immatériel*, Puf
- Harris M., Gorenflo N. (2011), *Share or Die: Youth in Recession,* www.shareable.net

- Helfrich S., Kuhlen R., Sachs W. et Siefkes C. (2009), *Biens communs. La prospérité par le partage*, Heinrich Böll Stiftung
- Henry J. (2011), L'économie humaine, mode d'emploi, éditions Eyrolles
- Lesueur T. (2011), *Comment piloter le changement de business model vers une stratégie de performance durable ?* Thèse professionnelle du mastère spécialisé en Management stratégique du développement durable
- Maillet T. (2008), *Génération participation: de la société de consommation à la société de participation*, éditions 10.18
- Nghiem T. (2010), *Des abeilles et des hommes*, Bayard
- Papilloud C. (2007), *La société collaborative: technologies digitales et lien social*, L'Harmattan
- Ray P. H., Anderson S. R. (2004), *L'Émergence des créatifs culturels, enquête sur les acteurs d'un changement de société*, éditions Yves Michel
- Rifkin J. (2010), *Une nouvelle conscience pour un monde en crise. Vers une civilisation de l'empathie*, éditions Les liens qui libèrent
- Rifkin J. (2012), *La troisième révolution industrielle*, éditions Les liens qui libèrent
- *Shareable Magazine*, Latitude Research, *The New Sharing Economy* (www.shareable.net/blog/the-new-sharing-economy)
- Stiegler B. (sous la direction de) (2012), *Réseaux sociaux - culture politique et ingénierie des réseaux sociaux*
- Surowietski J. (2004), *La sagesse des foules*, J.-C. Lattès
- Thaler R. et Sunstein C. (2010), *Nudge, la méthode douce pour inspirer la bonne décision*, Vuibert

SITES WEB

- www.consocollaborative.com
- www.service-en-plus.com
- www.ouishare.tumblr.com
- www.shareable.net
- www.collaborativeconsumption.com
- www.meshing.it
- www.thecollaborativelab.com

Chapitre 2
Coconstruction Ong et entreprises

LIVRES

- Admical, *les chiffres clefs du mécénat 2010*, www.admical.org
- Auriac J., Chanon A. (2012), *L'Entreprise à l'ère de la défiance - De l'intérêt du dialogue sociétal*, L'Harmattan
- Be-Linked pour Coordination Sud et le Medef (2006), *Le Guide entreprises et Ong de solidarité internationale : quels partenariats pour quels objectifs ? Typologie, analyse et perspective* www.publications.medef.com
- Be-Linked et Novethic (2011), *Secteur minier coté et risques Esg: de l'influence des Ong sur l'activité et la réputation des entreprises minières*
- Centre d'analyses stratégiques (2012), *Quelle place pour l'entrepreneuriat social en France ?*, note d'analyse 268
- Calpéna S., Guérin L. et Le Yaouanq L. (2011), *Les grandes entreprises et la base de la pyramide, cinq histoires françaises*
- Cncres (2012), *L'Atlas commenté de l'économie sociale et solidaire*, Dalloz, Juris Associations
- Comité 21 (2009), *La concertation avec les parties prenantes externes: principes, méthodologies, action*, www.comite21.org

- Dollet E. (2002), *Responsabilité sociale des entreprises et coopération internationale, Panorama 2003,* Direction générale de la coopération internationale et du développement
- Draperi J.-F. (2012), *L'économie sociale et solidaire, une réponse à la crise ?*, Dunod
- Draperi J.-F. (2010), *Rendre possible un autre monde*, Presses de l'économie sociale
- Draperi J.-F. (2008), *L'économie sociale, utopies, pratiques, principes*, Presses de l'économie sociale
- Duflo E. (2010), *Le développement humain*, éditions du Seuil
- Duflo E. (2010), *La politique de l'autonomie*, éditions du Seuil
- Jouan O. (2011), *Entrepreneurs en coopérative, société d'avenir*, éditions Port Parallèle
- Kanter B. Fine A. (2010), *The Networked Nonprofit: Connecting with Social Media to Drive Change*, Jossey-Bass
- Novethic études (2006), *Panorama des relations Ong/entreprises : quelles évolutions pour quelles influences ?* étude réalisée en partenariat avec Wwo (la première base de données en ligne sur les Ong) et l'Agence Manifeste
- Mach A. (2001), *Le pouvoir des entreprises sur les Ong : pression, partenariat, évaluation*, Institut universitaire d'études du développement, Genève, www.covalence.ch
- Orse (2005), *Rapport de mission sur les partenariats stratégiques Ong-Entreprises*, www.ladocumentationfrancaise.fr
- Perrot F. (2011), *Les entreprises multinationales au bas de la pyramide : un cadre d'analyse des stratégies*, thèse soutenue à l'École polytechnique Paritech
- Rapport du Pnud (2008), *Creating Value for All: Strategies for Doing Business with the Poor* www.undp.org
- Prahalad C.K. (2004), *The Fortune at the Bottom of the Pyramid*, Wharton school publishing
- Verger O. White G. (2004), *Les partenariats entreprises/Ong dans le cadre de démarches sociétales*, www.imsentreprendre.com
- Yunus M. (2008), *Vers un nouveau capitalisme*, J.-C. Lattès

SITES WEB

Sur les liens entre Ong et entreprises

- www.ong-entreprise.blogspot.com
- www.mecenova.org
- www.admical.org
- www.bopobs.com
- www.youphil.com
- www.novethic.fr

Voir aussi le site des Cresse, de l'Avise, de l'Urscope

Chapitre 3
Collaboration radicale

LIVRES

- Anadon M. (sous la direction de) (2007), *La recherche participative*, Presses de l'Université du Québec
- Anvar S. (2008), *Semences et droit. L'emprise d'un modèle économique dominant sur une réglementation sectorielle*, thèse, Faculté de droit, Université Paris 1, http://tel.archives-ouvertes.fr/tel-00335766/fr/
- Benkler Y. (2009), *La richesse des réseaux*, Presses universitaires de Lyon www.cyber.law.harvard.edu

- Bonneuil C. et Demeulenaere E. (2007), *Vers une génétique de pair à pair? L'émergence de la sélection participative*, http://tinyurl.com
- Brandenburger A. et Nalebuff B. (1996), *La Co-opétition, une révolution dans la manière de jouer concurrence et coopération*, Village mondial
- Cornu J.-M., *La coopération, nouvelles approches*
- Kasten V., Welborn R. (2003), *The Jericho Principle: How Companies Use Strategic Collaboration to Find New Sources of Value*, John Wiley & Sons Inc
- Gueorguievsky B. et Hakke J. (2011), *L'Entreprise légère. Gagner plus en gâchant moins,* Delachaux et Niestlé
- Moulier Boutang Y. (2010), *L'abeille et l'économiste*, Carnets Nord
- Ostrom E. (2010), *Gouvernance des biens communs*, De Boeck
- Saïd Y., Le Roy F. (sous la direction de) (2010), *Stratégie de coopétition. Rivaliser et coopérer simultanément,* De Boeck
- Tamm J. et Luyet R. (2004), *Radical Collaboration*, Harper
- Tournand J. (2007), *La Stratégie de la bienveillance,* InterÉditions

SITES WEB

- www.radicalcollaboration.com
- www.cornu.eu.org
- www.PowerofCoCreation.com
- www.francisgouillart.com
- www.co-society.com
- www.selection-participative.cirad.fr
- www.semencespaysannes org
- www.sciencescitoyennes.org
- www.entreprises.coop
- www.animacoop.net

Chapitre 4
Management collaboratif

LIVRES

- Alter N. (2010), *Donner et prendre*, La Découverte
- Bagla-Gökalp L. (1998), *Sociologie des organisations*, La Découverte
- Benyus J. M. (2011), *Biomimétisme, quand la nature inspire des innovations durables*, éditions Rue de l'Échiquier
- Brière T., Hervé M. (2012), *Le pouvoir au-delà du pouvoir*, Bourin éditeur
- Brown J., Isaacs D. (2005), *The World Cafe: Shaping our Futures through Conversations that Matter*
- Cain S. (2012), *Quiet: The Power of Introverts in a World that Can't Stop Talking,* Crown
- Dupuy F. (2010), *Lost in management: La vie quotidienne des entreprises au XXIe siècle*, Seuil
- Gareth M. (1999), *Images de l'organisation*, éditions De Boeck
- Goleman D., Boyatzis R., McKee A., *L'intelligence émotionnelle au travail* (2010), Pearson
- Hamel G. (2011), *La fin du management*, Vuibert
- Gouillart F. et Ramaswamy V. (2010), *The Power of Co-Creation: Build It with Them to Boost Growth, Productivity, and Profits*, Simon & Schuster Free Press
- Lecerf-Thomas B. (2009), *Neurosciences et Management*, Eyrolles
- Lévy P. (1994), *L'intelligence collective: pour une anthropologie du cyberspace*, La Découverte
- Magnier C. (2009), *Changer ou disparaître*, Celeades
- McDonough W., Braungart M. (2011),

Cradle to Cradle. Créer et recycler à l'infini, éditions Alternatives
- Morgan G. (1999), *Images de l'organisation*, éditions De Boeck
- Nowak M.A., Highfield R (2011), *SuperCooperators: Why we Need Each Other to Succeed*, Simon & Schuster
- Noubel J.-F. (2004), *Intelligence collective: la révolution invisible* (Copyleft éditions, à consulter sur www.thetransitioner.org/ic)
- Pajel M. (2012), *Wired for Culture: Origins of the Human Social Mind by Mark Pagel*, W.W. Norton & Company
- Pastor-Reiss E. (2012), *Les 7 clés du marketing durable*, Eyrolles
- Placet J.-L. et Rarivoson P. (2011), *L'Homme au cœur de la stratégie*, Dunod
- Precht R.D. (2012), *L'Art de ne pas être égoïste"*, Belfond
- Sennett R. (2012), *Together: the Rituals, Pleasures and Politics of Co-operation*
- Thévenet M. (2011), *Le Travail, ça s'apprend*, Eyrolles
- Schutz W. (2010), *L'Élément humain*, InterÉditions
- Scharmer O. (2012), *Théorie U, diriger à partir du futur émergent*, Pearson
- Starhawk (2012), *The Empowerment Manual, a Guide for Collaborative Groups*, New Society Publishers
- Tomasello M. (2009), *Why we Cooperate*, Boston Review
- Zara O. (2005), *Management de l'intelligence collective, vers une nouvelle gouvernance*, M21 éditions

SITES WEB

- www.biomimicryeuropa.org et www.biomimicry.net
- www.inspire-institut.org
- www.thepowerofintroverts.com
- www.theworldcafe.com
- www.openspaceworld.org
- www.thetransitioner.org
- www.artofhosting.org

Remerciements

Nous tenons à remercier tout particulièrement Agnès Séjournet, complice de première, relectrice hors pair dont les retours ont été précieux !
Un merci tout particulier également pour Marielle Barbe, Vincent Houba, David Melki et Nicolas Thierry, amis et compagnons de route intellectuelle et spirituelle, merci pour vos questionnements exigeants et vos encouragements.
Merci aussi à tous ceux qui nous ont soutenus, par leurs petits mots, leur marque d'intérêt, le temps qu'ils nous ont accordé, la corévolution ne se fera pas sans vous !
Parmi eux (en espérant ne pas en oublier !), citons : Jacques Huybrechts, Mylène Netange, et les Entrepreneurs d'avenir ; John Grant, Vince Kasten, Tiffany Shlain, Neal Gorenflo, Lisa Gansky and Benita Matofska ; Jérôme Auriac, Jean-François Draperi, la super équipe de l'agence Limite – Laurent Terrisse et Frédéric Bardeau –, Antoine Vaccaro, Grégory Poinsenet ; Mathieu Baudin, Clair Michalon, Thanh Nghiem et l'Institut des futurs souhaitables ; Antonin Léonard, Ludovic Plisson, Anne-Laure Brun-Buisson, Shabnam Anvar, Nicolas Le Douarec, Nathan Stern, Guilhem Cheron, Flore Berlingen, Edwin Mootoosamy, Léo Benichou, Youssef Nimzilne, Émile Hooge et l'ensemble des « OuiSharers » ; les mutins William et Éric Van Den Broek ; Emmanuel Delannoy, Nathalie Meusy, Jean-François Clervoy, Maryannick Van Den Abeele, Caroline Gervais, Didier Bergeret, Gilles Grolleau, Émilie Piersiela, Gaëlle Pierre, Giovanni Pandolfo, Vianney Sauvage…
Un grand merci à Sabine Bledniak des éditions Alternatives, pour sa confiance dans notre projet.

Et merci enfin à tous les corévolutionnaires sur le chemin !

Processus de fabrication

Ce livre est imprimé avec des encres végétales ne contenant pas de métaux lourds.

Le papier Munken Print d'Arctic Paper utilisé pour cet ouvrage est fabriqué à partir de fibres provenant de forêts gérées de manière durable et équitable. L'usine suédoise de Munkedals qui le fabrique a un système de recyclage de l'eau sur le modèle de l'écocycle à basse consommation d'eau (3-4 litres/kg de papier au lieu de 10 à 15 l/kg habituellement).

Responsable de l'impression et du façonnage, l'Imprimerie moderne de l'Est (IME), située à Baume-les-Dames, dans le Doubs, s'est engagée à allier l'évolution d'une entreprise industrielle en milieu rural à la protection de l'environnement.
Imprim'Vert depuis 2004, IME a notamment diminué ses émissions de composés organiques volatils (COV) de près de 80 % en cinq ans et participe à la préservation des nappes phréatiques et à la protection du milieu halieutique en réduisant sa consommation d'eau et ses rejets aqueux.
En 2005, elle a obtenu le Trophée d'or de l'environnement. ISO 14001 depuis 2006, chaîne de contrôle FSC et PEFC depuis 2007, l'entreprise fait partie des huit premières imprimeries certifiées Print Environnement.

La protection de la couverture est assurée par le passage d'un vernis acrylique soluble dans l'eau, permettant ainsi son recyclage dans la chaîne traditionnelle du papier.

numéro d'éditeur : 262112
conception graphique : Bigre ! – www.bigre.com
direction artistique : Nejib Belhadjkacem
impression/façonnage : IME Baume-les Dames
imprimé sur du Munken Pure d' Arctic Paper 100g/m²
couverture sur Munken Pure 240g/m²
Achevé d'imprimer en octobre 2013
IMPRIMÉ EN FRANCE, UNION EUROPÉENNE